PROCESO

.

CREATIVO

EDUARDO   SALLES

PROCESO

.

CREATIVO

Una guía para tener tu próxima gran idea

Grijalbo

El papel utilizado para la impresión de este libro ha sido fabricado a partir de madera
procedente de bosques y plantaciones gestionadas con los más altos estándares ambientales,
garantizando una explotación de los recursos sostenible con el medio ambiente y beneficiosa para las personas.

Proceso creativo
Una guía para tener tu próxima gran idea

Primera edición: enero, 2024
Primera reimpresión: mayo, 2024

D. R. © 2024, Eduardo Salles
c/o Indent Literary Agency
www.indentagency.com

D. R. © 2024, derechos de edición mundiales en lengua castellana:
Penguin Random House Grupo Editorial, S. A. de C. V.
Blvd. Miguel de Cervantes Saavedra núm. 301, 1er piso,
colonia Granada, alcaldía Miguel Hidalgo, C. P. 11520,
Ciudad de México

penguinlibros.com

ISBN: 978-607-384-012-5

Impreso en México – *Printed in Mexico*

Índice

Introducción

La creatividad es una habilidad fascinante. Con ella puedes resolver problemas que parecían no tener solución. Crear cosas que conecten con miles de personas. Desarrollar ideas que transformen tu realidad. Adaptarte a un mundo en constante cambio. Sobresalir en un entorno competitivo. O, simplemente, disfrutar hacer algo distinto y novedoso.

Si estás leyendo esto, es porque te interesa adquirir esa habilidad. Contar con una guía que te permita tener ideas creativas sin importar quién seas o a qué te dediques. Y de preferencia, que lo haga de la manera más sencilla, directa y comprensible posible.

De eso se trata este libro.

Contrario a lo que suele creerse, cualquiera puede desarrollar habilidades creativas sin necesidad de "dones" o "talento". Eso sí, desde hace miles de años la única forma de adquirir una habilidad sigue siendo la misma: **practicar, practicar y practicar.**

El proceso creativo no te librará del esfuerzo de practicar, pero sí te guiará paso a paso en tu aventura creativa para que logres tener ideas en lo que sea que te interese: arte, diseño, tecnología, ciencia, comunicación, contenido, cocina, marketing, tu próximo negocio, mejorar el mundo... lo que sea.

Primero verás algunos **principios** sobre creatividad. Entenderlos te ayudará a comprender cómo se forman las ideas y de paso a desterrar uno que otro mito arraigado en el mundo de la creación.

Después pasarás al proceso en sí. **Seis pasos** que te conducirán en tu camino hacia tu próxima gran idea, desde definir lo que quieres lograr hasta comenzar a hacerlo realidad.

Más que una fórmula milagrosa o un método absoluto, considera este proceso como una herramienta. Un instrumento más a tu disposición para facilitarte tener ideas novedosas. Como cualquier herramienta, puedes ajustarla o modificarla según tus necesidades. Usa lo que te funcione mejor y descarta el resto.

Este libro está diseñado para que puedas absorber la mayor cantidad de conocimiento en el menor tiempo posible. Sin embargo, y aunque suene contradictorio, te sugiero ir despacio y poner en práctica cada paso antes de avanzar al siguiente. No solo aprenderás mejor los fundamentos, harás que tu mente se vaya acostumbrando a pensar creativamente.

También te recomiendo llevar siempre contigo una libreta y bolígrafo, o algo con qué anotar. A medida que avances te sorprenderás teniendo ideas en momentos inesperados y definitivamente querrás tener algo a la mano para registrarlas.

Con un poco de suerte, lograrás capturar esa chispa que se convierta en la creación que estás buscando.

Principios

¿Qué es una
idea creativa?

Dicho de la forma más sencilla posible, una idea creativa es una **combinación novedosa** que puede generar **valor.**

Estas **combinaciones** suelen ocurrir al unir elementos sin conexión aparente.

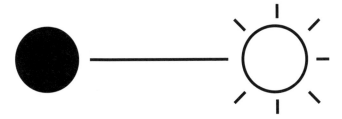

Un **elemento** puede ser cualquier entidad, objeto, concepto, creación, abstracción o idea.

Por ejemplo:

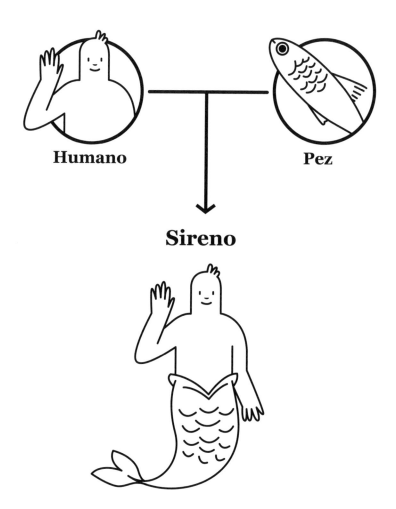

Humano

Pez

Sireno

Algunas combinaciones son lentas y graduales, y toman tiempo antes de concretarse.

Otras son súbitas e intempestivas, como un chispazo repentino que lo ilumina todo.

Y otras se van generando por prueba y error.

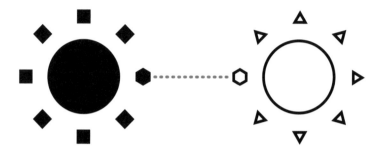

Nuestra mente puede hacer estas combinaciones porque los elementos comparten **asociaciones significantes compatibles.** Dicho de manera sencilla: puedes combinar dos o más elementos cuando algo relacionado a uno tiene cierta relación con otro.

Para entender este principio, tomemos como elemento a una *bruja:*

Piensa en palabras que se te vienen a la mente cuando escuchas la palabra *bruja*:

Esas palabras son elementos que **asociamos** a una bruja. Ahora toma uno de esos elementos y repite el procedimiento. Por ejemplo, piensa en palabras o conceptos que se te vengan a la mente con una *escoba voladora:*

Ahora piensa en palabras o conceptos que se te vengan a la mente con *utensilios para barrer:*

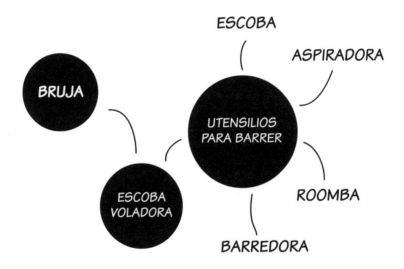

¿Ves cómo se va formando una **red de asociaciones**? El principio dice que como hay asociaciones significantes compatibles, podríamos combinar una *bruja* con una *roomba* o una *aspiradora* para crear una nueva combinación.

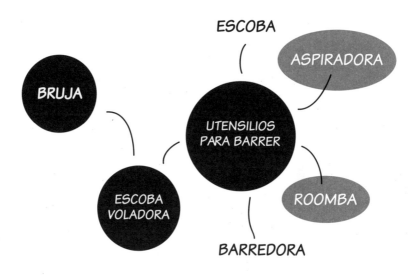

Y así es como sucede:

BRUJA — ESCOBA VOLADORA — UTENSILIOS PARA BARRER — ASPIRADORA

¿Cómo es que estas combinaciones se entienden y funcionan? Los elementos pueden combinarse porque **han generado una ruta de asociaciones que la mente es capaz de seguir y conectar.**

Felicidades, tienes una idea creativa.

La mayor parte del tiempo estas conexiones suceden en tu mente de manera inconsciente. Es por eso que cuando alguien tiene una idea creativa puede costarle trabajo decir cómo se le ocurrió.

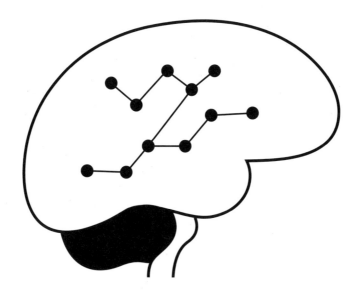

Sin embargo, una vez que entiendes el principio y lo vuelves consciente puedes aprovecharlo para generar más combinaciones.

Volvamos al ejemplo de la *bruja*, pero ahora en lugar de pensar en *utensilios para barrer*, probemos con *medio de transporte*. ¿Para qué usamos un medio de transporte? ¿Con qué palabras o conceptos lo podemos asociar?

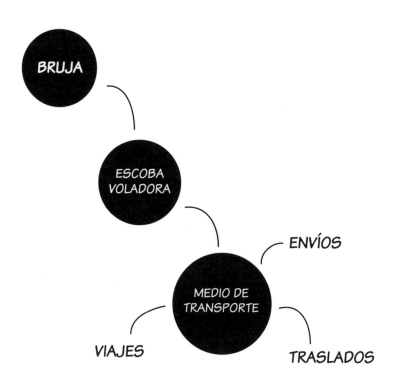

¿Qué pasa si combinamos una *bruja* con *envíos*?

Tenemos *Kiki: entregas a domicilio,* la película de Studio Ghibli, basada en la novela infantil de Eiko Kadono.

Estas combinaciones se convierten en nuevos elementos que a su vez pueden usarse para crear más y más combinaciones:

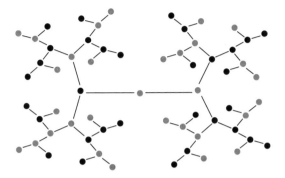

Este principio generativo nos enseña varias cosas importantes sobre las ideas creativas.

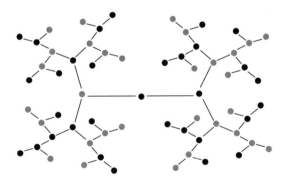

1

Las asociaciones cambian **según quién las haga** (y bajo qué contexto).

Lo que tú asocias al concepto *bruja* es muy diferente a lo que habría asociado alguien en el siglo XVIII:

Incluso dos personas viviendo en una misma época podrían tener asociaciones distintas según su edad, vivencias, contexto o intereses. Un fan de Harry Potter y uno de los Avengers tendrían asociaciones muy diferentes a la palabra *bruja*:

Tus asociaciones moldearán tus combinaciones y estas cambiarán dependiendo de tu entorno. Esto explica por qué las ideas son "hijas de su tiempo", por qué florecen en ciertos contextos históricos y no en otros. Nuestras asociaciones son individuales, pero parten de una colectividad compartida: la cultura que habitamos.

Jarrón con doce girasoles,
Vincent van Gogh, 1889.

Deadheads,
Kerry James Marshall, 2019.

2

Una combinación es una **síntesis**, no una suma.

Una combinación es más que la suma de sus partes: es una **síntesis que genera un nuevo elemento** con propiedades únicas y distintivas.

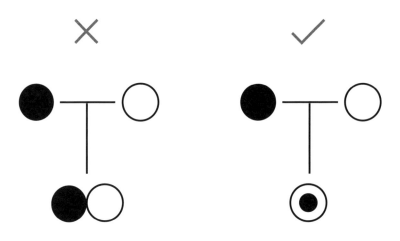

Tú, por ejemplo, eres producto de la combinación de los genes de dos personas. Pero eres más que la suma de sus genes: eres una *entidad novedosa*, creada a partir de la combinación de elementos existentes.

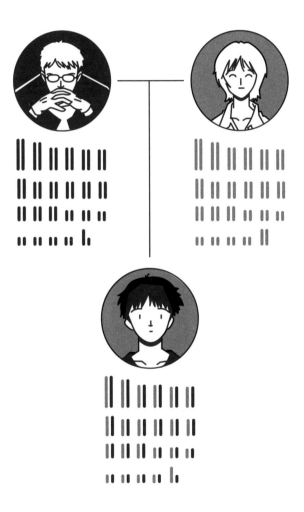

3

Solo puedes combinar
lo que **ya existe.**

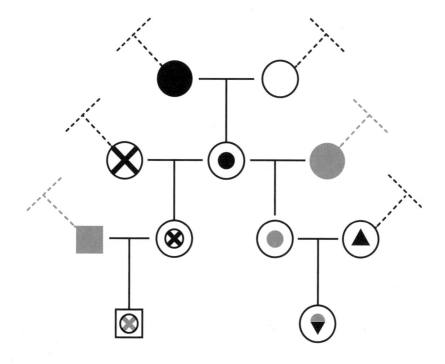

Esto derriba uno de los mitos favoritos del Olimpo de la Creatividad: la *originalidad*, entendida como algo que "parte de la nada, que es el origen de algo".

Todas las ideas creativas que conoces, incluso las más revolucionarias, se formaron a partir de elementos ya existentes. Si crees que algo es "original", es probable que no conozcas sus orígenes.

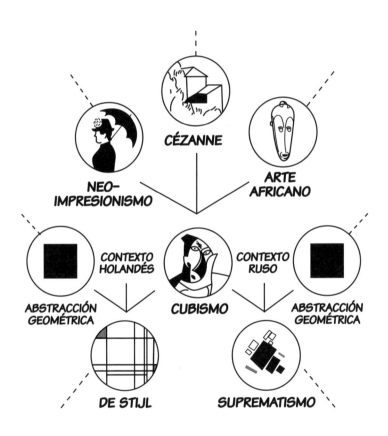

Que las ideas provengan de otros elementos no las de-merita ni les quita valor. Poder crear combinaciones infinitas a partir de recursos finitos es precisamente lo que hace a las ideas tan fascinantes y poderosas.

Quizá la mayor prueba del poder creativo de este principio generativo sea la vida misma. El código genético de todos los seres vivos está formado a partir de cuatro bases químicas. Toda la biodiversidad de nuestro planeta está escrita con solo cuatro letras.

4

Cualquiera puede formar combinaciones novedosas.

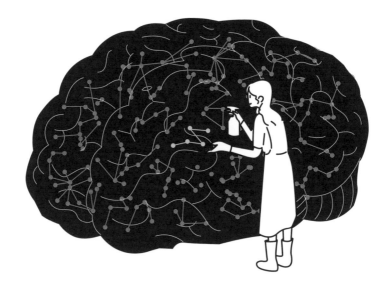

Tener ideas creativas no es un don ni una habilidad destinada a unos cuantos "elegidos". Tu
mente tiene el potencial de formar estas combinaciones porque así es como procesa información el cerebro humano: a través de conexiones,
asociaciones y combinaciones.

Tampoco es algo exclusivo de algunas disciplinas o industrias. La creatividad es parte de la ciencia, la ingeniería, el diseño, el arte y cualquier otra actividad humana, porque es el mecanismo con el que nuevas ideas germinan e innovan.

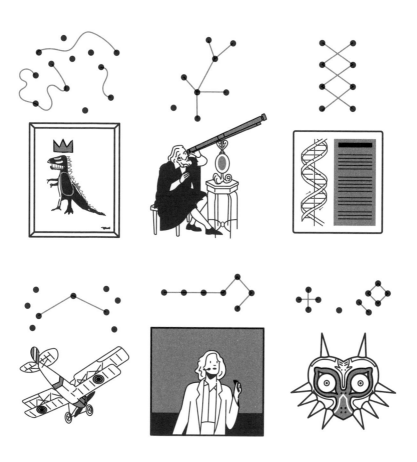

Para tener ideas creativas tendrás que combinar elementos de manera novedosa. ¿De dónde salen esos elementos? ¿Cómo se combinan? ¿Cómo puedes aprovechar estos principios para generar ideas en lo que a ti te interesa?

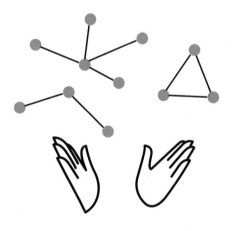

Es hora de pasar al **proceso creativo.**

Proceso

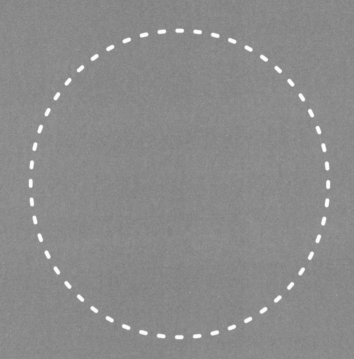

PASO 1

Definir

El proceso creativo suele iniciar con un **problema.**

¿Qué quieres hacer?
¿Qué te gustaría resolver?
¿Qué buscas solucionar?

Aunque tendemos a asociar los problemas con algo que está mal, en el contexto de este proceso un problema es cualquier **necesidad, dificultad, reto o lo que sea que quieras hacer que requiera una creación novedosa.**

CREAR UNA
PIEZA DE ARTE

RESOLVER UN
MISTERIO DEL
CUERPO HUMANO

MEJORAR EL
DISEÑO DE
UNA CIUDAD

HACER UN
JUEGO

INVENTAR UN
MODELO DE
NEGOCIO

ESCRIBIR UNA
HISTORIA DE
FANTASÍA

El primer paso consiste en **definir ese problema, eso que quieres hacer o lograr.** Y aunque suene obvio, no hacerlo es un error común a la hora de pensar ideas creativas.

Imagina que te piden crear:

- Una idea disruptiva.

- Un monstruo de tres cabezas.

¿Cuál sería más fácil de idear?

Probablemente el monstruo. *Idea disruptiva* es un concepto bastante ambiguo. Los monstruos en cambio son concretos. Seguro has visto varios en series, películas, libros o videojuegos. Tienes cierto entendimiento de lo que son y hasta sabrías cómo buscar en internet si necesitaras referencias.

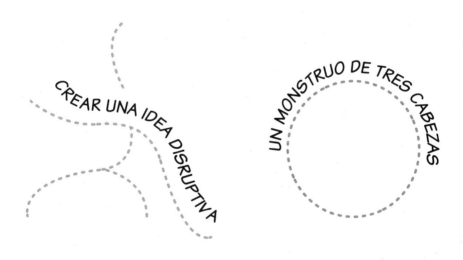

No importa cómo sea tu monstruo: idearlo es más fácil porque lo que hay que hacer es más claro. El problema está **mejor definido.**

Entre los muchos mitos de la creatividad está la creencia de que a mayor libertad para idear lo que se te ocurra, más creativo será el resultado. Pero cuando el universo de posibilidades es tan gigantesco, es más probable que termines perdiéndote en su inmensidad.

Crear necesita restricciones. Límites que te fuercen a repensarlos, traspasarlos, incluso derribarlos, pero que sirvan como un marco para orientarte.

Si quieres salir de la caja primero necesitas una caja. Un punto de partida.

A veces tendrás claro lo que quieres hacer, lograr o solucionar. Pero otras veces... no tanto.

Veamos algunos **obstáculos** que podrías enfrentar al tratar de definir tu problema. Y cómo superarlos.

1. El problema es **muy grande**

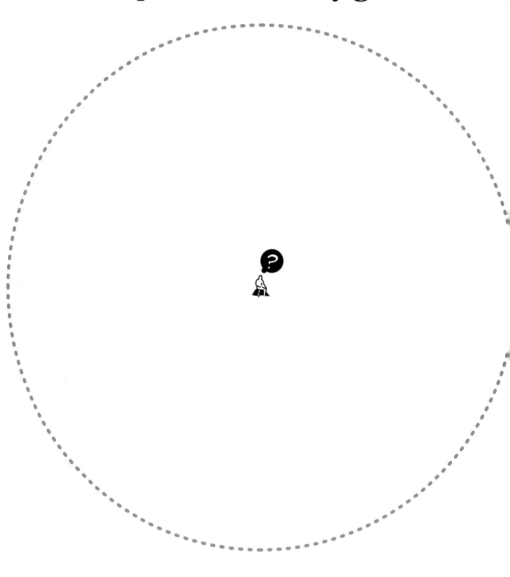

El problema es tan vasto o complejo que lo que parecía un buen reto se convierte en un océano donde terminas naufragando.

¿Cómo resolverlo?

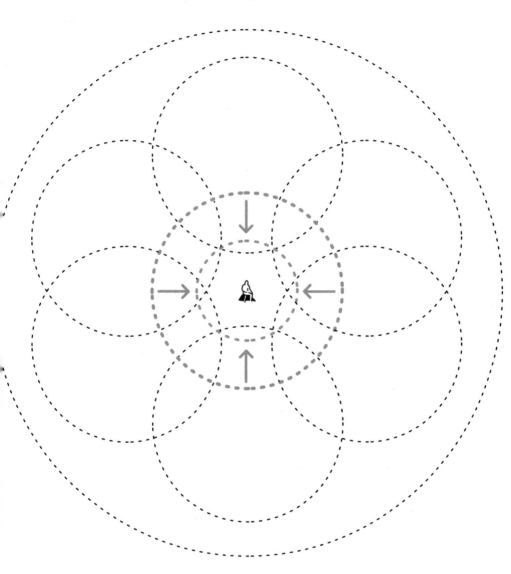

Acota el problema para que puedas enfocarte en algo más pequeño.

Por ejemplo:

PROBLEMA
HACER ALGO QUE MEJORE
LA VIDA DE LAS PERSONAS.

Un problema admirable pero gigantesco. Hay tantas cosas que pueden mejorar en la vida de las personas, que es más probable que termines con un terrible bloqueo antes de comenzar a idear una solución.

Necesitas reducir el tamaño del problema. Y puedes hacerlo de esta manera:

Escribe el problema con una frase sencilla:

HACER ALGO QUE MEJORE
LA VIDA DE LAS PERSONAS.

Subraya todas las palabras genéricas, ambiguas, que tengan un amplio significado o que abarquen un gran número de elementos:

HACER ALGO QUE MEJORE
LA VIDA DE LAS PERSONAS.

Pregúntate en qué te gustaría enfocarte por cada palabra que subrayaste. ¿En qué grupo de *personas* quieres concentrarte? ¿A qué aspecto de su *vida* te interesaría prestarle atención? ¿A qué te refieres específicamente con *mejorar*?

PERSONAS → ¿QUÉ PERSONAS?
VIDA → ¿QUÉ ASPECTO DE LA VIDA?
MEJORAR → ¿EN QUÉ SENTIDO?

Sustituye las palabras que subrayaste con tus respuestas:

~~MEJORE~~
↓
HACER ALGO QUE FACILITE
LA ELECCIÓN DE UNA CARRERA
~~VIDA~~→ UNIVERSITARIA ENTRE LOS
ESTUDIANTES DE MI PAÍS.
↖
~~PERSONAS~~

PROBLEMA

HACER ALGO QUE MEJORE LA VIDA DE LAS PERSONAS.

PROBLEMA

HACER ALGO QUE FACILITE LA ELECCIÓN DE UNA CARRERA UNIVERSITARIA ENTRE LOS ESTUDIANTES DE MI PAÍS.

El nuevo problema sigue siendo complejo y retador, pero ahora es más pequeño que el problema inicial. Si aún fuera demasiado grande, puedes subrayar de nuevo los conceptos que sean lo bastante amplios y acotarlos.

2. El problema es **muy pequeño**

Si un problema grande puede perderte en su complejidad, un problema demasiado cerrado puede asfixiar la creatividad.

¿Cómo resolverlo?

Expande el problema cuestionando cuáles son sus verdaderos objetivos, motivaciones o necesidades.

Por ejemplo:

PROBLEMA

PUBLICAR UN VIDEO DE CINCO SEGUNDOS DONDE APAREZCA UNA GUITARRA NEGRA.

Este problema difícilmente será la chispa que inicie una gran idea creativa. La definición es tan cerrada que no deja espacio para idear más allá de lo que se pide: publicar un video de cinco segundos con una guitarra negra.

Necesitas expandir el problema. Y puedes hacerlo de esta manera:

Reescribe el problema inicial a modo de pregunta, iniciando con un **"¿Por qué..."**.

¿POR QUÉ QUIERES PUBLICAR UN VIDEO DE CINCO SEGUNDOS DONDE APAREZCA UNA GUITARRA NEGRA?

Responde la pregunta. Si estás resolviendo el problema de alguien más, pídele que te responda:

PORQUE QUIERO PROMOCIONAR A MI BANDA LAS GUITARRAS NEGRAS

Toma la respuesta y vuelve a escribirla a modo de pregunta, iniciando con un **"Por qué..."**.

¿POR QUÉ QUIERES PROMOCIONAR A TU BANDA LAS GUITARRAS NEGRAS?

Una vez más, responde o haz que respondan:

PORQUE VAMOS A LANZAR UN NUEVO ÁLBUM.

¿Ves cómo el problema se ha ampliado? Ya no se trata de publicar un video de cinco segundos, sino de pensar cómo lanzar un álbum.

PUBLICAR UN VIDEO DE CINCO
SEGUNDOS DONDE APAREZCA
UNA GUITARRA NEGRA.

↓

PROBLEMA

HACER ALGO PARA EL
LANZAMIENTO DEL NUEVO ÁLBUM
DE LA BANDA LAS GUITARRAS
NEGRAS.

Este método se conoce como *Los 5 por qués,* aunque no es obligatorio hacerlo cinco veces. Solo sigue preguntando y respondiendo hasta que llegues a un problema más amplio que despierte tu interés o curiosidad.

3. El problema **es confuso**

El problema es tan ambiguo o rebuscado que te cuesta trabajo entender lo que hay que hacer.

¿Cómo resolverlo?

La claridad es síntoma de entendimiento. Si el problema te parece demasiado confuso, tómate tu tiempo para recabar información que te ayude a entenderlo y ganar claridad.

Por ejemplo:

CREAR UN *COSO* QUE FACILITE
LAS *COSAS* A LOS QUE *HACEN COSOS.*

Ni siquiera la persona más creativa que conozcas podría abordar esto. Y no por falta de habilidades, sino
porque es imposible entender qué hay que hacer.
Necesitas saber a qué se refiere ese *coso*, esas *cosas* y
quienes son esos que *hacen cosos.*

COSO = HERRAMIENTA.
COSAS = INTERACCIÓN CON SEGUIDORES.
HACEN COSOS = CREADORES DE CONTENIDO.

↓

PROBLEMA
CREAR UNA HERRAMIENTA QUE FACILITE
LA INTERACCIÓN DE LOS CREADORES DE
CONTENIDO CON SUS SEGUIDORES.

4. El problema es **irrelevante**

Es válido definir un problema que solo te interese a ti. Sin embargo, si lo que quieres es crear algo que genere valor entre un grupo de personas (comunidad, gremio, industria, audiencia, mercado, seguidores...), el problema también debe ser relevante para ese grupo.

¿Cómo resolverlo?

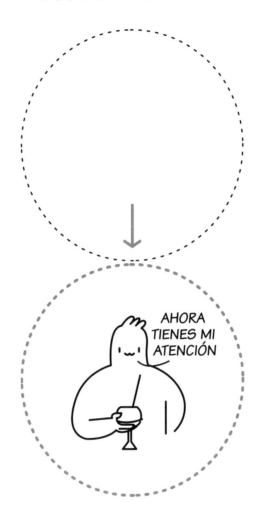

Redefine tu problema a partir de una necesidad o interés de las personas a quienes podría generar valor tu idea.

Por ejemplo:

PROBLEMA

HACER UN LIBRO
SOBRE MI ANSIEDAD. ←

RELEVANTE
SOLO PARA MÍ.

↓

PROBLEMA

HACER UN LIBRO PARA
PERSONAS QUE SUFREN
DE ANSIEDAD A PARTIR
DE MIS PROPIAS EXPERIENCIAS
SOBRE EL TEMA. ↑

RELEVANTE
PARA
OTROS.

RELEVANTE
PARA MÍ.

5. **No tienes un problema**

Aunque suene raro, muchas veces encontrar un problema novedoso o que te apasione puede ser tan difícil como dar con una solución creativa.

¿Cómo resolverlo?

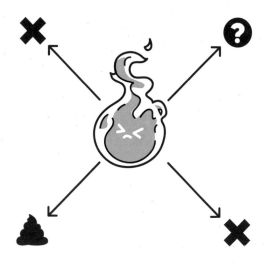

Parte de un tema o situación que te interese y detecta las cosas que no te gustan o con las que no estás de acuerdo. Lo que te incomoda, te molesta o crees que podría ser mejor.

Si nada te produce irritación, indaga en la comezón ajena. Busca críticas, debates, polémicas, análisis, opiniones, quejas y disidencia. O sumérgete en cualquier sección de comentarios.

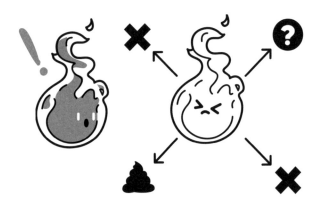

Por ejemplo:

ALGO QUE A LA GENTE LE MOLESTA

HACER TRÁMITES BUROCRÁTICOS.

PROBLEMA

SIMPLIFICAR O HACER MÁS SENCILLOS LOS TRÁMITES BUROCRÁTICOS.

En resumen

DEFINE UN PROBLEMA.
ESO QUE QUIERES HACER,
RESOLVER O SOLUCIONAR.

SI EL PROBLEMA ES
MUY GRANDE, ACÓTALO.

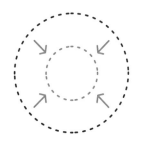

SI EL PROBLEMA ES MUY
PEQUEÑO, EXPÁNDELO.

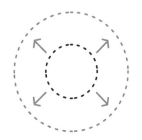

SI EL PROBLEMA ES
CONFUSO, BUSCA INFO.
PARA ENTENDERLO MEJOR.

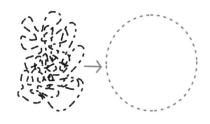

SI EL PROBLEMA ES
IRRELEVANTE, REDEFINE DESDE
LA NECESIDAD DE OTROS.

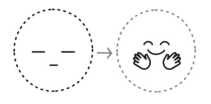

SI NO TIENES UN PROBLEMA,
BUSCA EN LO QUE TE
INCOMODA A TI...

O A LOS
DEMÁS.

Un último consejo: nunca te enamores demasiado de un problema. Puede que en algún momento de tu proceso llegues a descubrimientos que te hagan replantearlo o incluso abandonarlo. Y está bien.

El problema es un punto de partida, no un destino.

Antes de continuar, intenta **definir** un problema que te interese o del que quisieras tener una idea creativa.

Te será más fácil aprender este proceso si vas aplicando sus pasos en algo que **te guste** o sea **relevante para ti.**

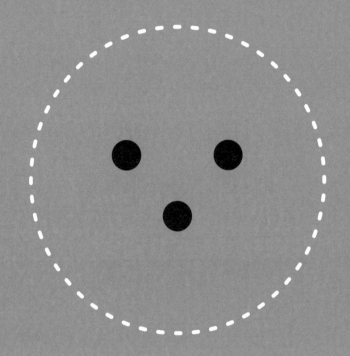

PASO 2

Conocer

Una vez definido
el problema,
ahora hay que
conocerlo.

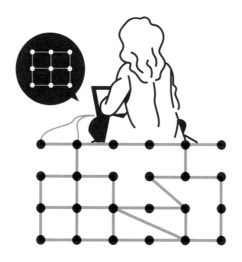

Como viste en los PRINCIPIOS, la creatividad no ocurre de la nada ni por generación espontánea. Para llegar a una idea creativa necesitas **elementos que puedas combinar** sobre algo que puedas entender.

Conocer el problema te dará ambos: elementos y entendimiento.

Nuestra facilidad para almacenar, compartir y absorber información es quizá la ventaja más grande que tenemos como especie creativa. Podemos partir del conocimiento acumulado para generar nuevas combinaciones sin tener que idear de cero o descubrir lo mismo una y otra vez.

Newton lo sabía bien: si vemos más lejos, es porque estamos parados sobre hombros de gigantes.

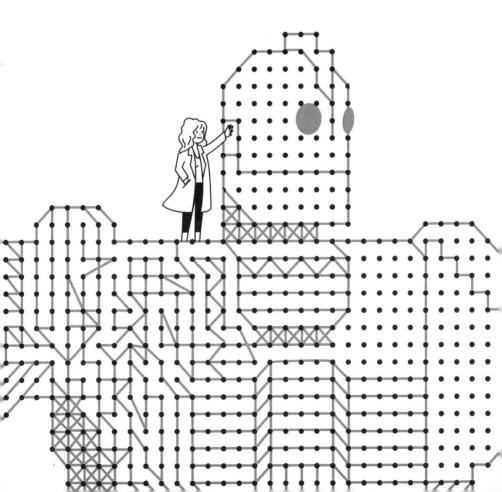

Aún así, conocer suele ser un paso infravalorado, incluso en las llamadas "industrias creativas". ¿A qué se debe el desdén?

1. Sobrestimamos lo que sabemos.

2. Creemos que no necesitamos conocer para tener ideas.

3. No sabemos qué buscar o por dónde empezar.

1. Sobrestimar lo que sabes

Nuestra primera reacción cuando creemos conocer algo es confiar que sabemos lo suficiente y que estamos en lo correcto. Por desgracia, muchas veces ambas premisas estarán equivocadas.

Imagina que tienes que idear junto a un grupo de científicos la manera de lanzar un satélite que llegue a Venus. Pero a diferencia de tus colegas, tú crees que el Sol y los demás planetas giran alrededor de la Tierra.

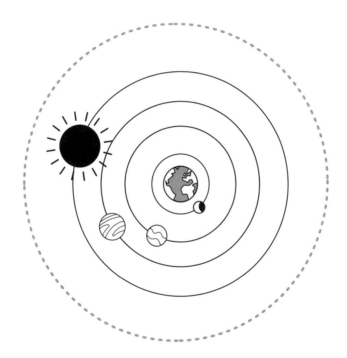

Como partes de un entendimiento erróneo, las ideas que formes probablemente también serán equivocadas.

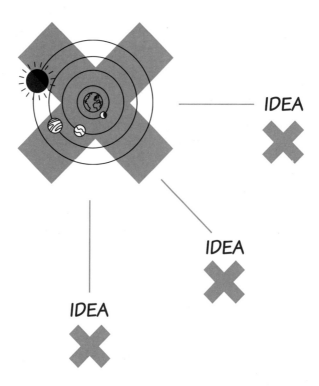

Es un ejemplo exagerado (nadie que deba lanzar un satélite creería eso), pero mucho de lo que creemos conocer se parece a pensar que el Sol gira alrededor de la Tierra. Algo en apariencia intuitivo porque lo vives a diario, cuando la verdadera explicación es contraria a tu experiencia.

¿Cómo evitar esta falla de origen? **Investigando sobre el problema, aun si crees conocerlo.**

2. Creer que no necesitas conocer para idear

La creatividad está plagada de seres mitológicos. Uno de sus favoritos es ese que sin saber absolutamente nada, un día tiene una idea maravillosa que cambiará el mundo para siempre.

Pero hay una buena razón por la que los grandes cineastas ven cine, las grandes escritoras leen libros, las grandes científicas estudian ciencia, los grandes diseñadores saben de diseño, y lo mismo para cualquier otro arte, disciplina o quehacer humano.

Para idear necesitas conocer.

Imagina que eres un cineasta que quiere crear una serie de terror, pero no sabes nada sobre el género. ¿Qué haces?

Empiezas a ver series y películas de terror. Consultas los referentes del género. Lees libros que analicen el terror, su impacto cultural, su estructura narrativa...

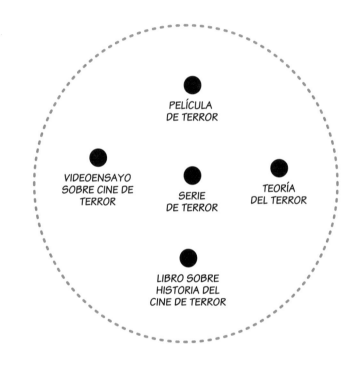

Conocer sobre el problema no solo mejora tu entendimiento, sino que también añade elementos que podrás usar más adelante para formular nuevas ideas.

3. No saber qué buscar

Habiendo tanto que conocer, ¿por dónde empezar?

Las siguientes categorías te ayudarán a organizar tu búsqueda. No son las únicas, así que tómalas como una guía inicial. Tampoco necesitas usarlas todas, solo las que sean pertinentes para tu problema o donde puedas encontrar información valiosa.

Para ejemplificar las categorías usaré como problema diseñar una silla. Recuerda: **un problema es eso que definiste que quieres hacer, resolver o solucionar.**

Cosas que ya se han hecho

Busca productos, servicios, soluciones, ideas, obras y cualquier creación que ya se haya hecho dentro del problema. No te preocupes si son cosas famosas o poco conocidas, lo importante es que empieces a acumular referencias de lo que ya existe.

POR EJEMPLO:
SILLAS QUE YA SE HAN HECHO.

Explicaciones

Busca teorías, investigaciones, marcos teóricos o hipótesis que expliquen el problema (o partes de él). Enfócate por ahora en las explicaciones más aceptadas, las que tengan un mayor prestigio o reconocimiento.

POR EJEMPLO:
PRINCIPIOS DE ERGONOMÍA
Y DISEÑO DE MUEBLES.

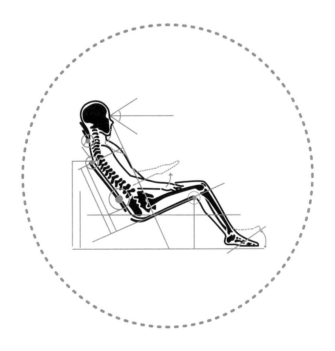

Comportamientos

Busca cómo actúan las personas ante el problema. Cuáles son sus reacciones. Qué hábitos tienen. Cómo usan lo que ya existe. No te quedes únicamente con tu percepción, apóyate en lo que otros han investigado al respecto.

POR EJEMPLO:
UN ESTUDIO SOBRE LAS POSTURAS FAVORITAS DE LAS PERSONAS AL SENTARSE EN UNA SILLA.

Entornos

Ningún problema ocurre en el vacío, todos sin excepción son moldeados por su contexto. Busca información que te ayude a comprender mejor ese contexto.

POR EJEMPLO:
UN ANÁLISIS SOBRE CÓMO EL *GAMING*
Y EL *HOME OFFICE* HAN CAMBIADO
EL USO DE LAS SILLAS.

Sistemas

Busca cuáles son los pasos que se siguen dentro del problema. Las secuencias y relaciones entre los elementos. Sus estructuras y procesos.

POR EJEMPLO:
CÓMO SE FABRICA UNA SILLA.

Si se te complica reunir información, enfócate primero en algo que te interese de una sola categoría y a partir de eso busca más información en las demás.

ALGO QUE YA SE HA HECHO:

EXPLICACIÓN

ENTORNO

COMPORTAMIENTO

SISTEMA

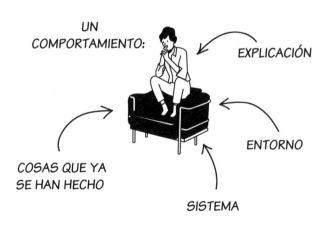

UN COMPORTAMIENTO:

EXPLICACIÓN

ENTORNO

COSAS QUE YA SE HAN HECHO

SISTEMA

¿Cuánta información debes recolectar? La suficiente para **comprender el problema** y tener una buena cantidad de elementos que puedas combinar más adelante. Algunos problemas te exigirán poca información, mientras que otros requerirán una investigación más profunda.

En resumen

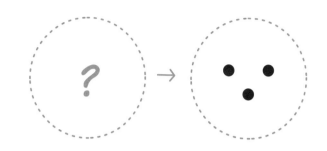

RECABA INFORMACIÓN QUE TE PERMITA
CONOCER MEJOR EL PROBLEMA. PUEDES BUSCAR:

COSAS QUE YA
SE HAN HECHO

EXPLICACIONES

COMPORTAMIENTOS

ENTORNOS

SISTEMAS

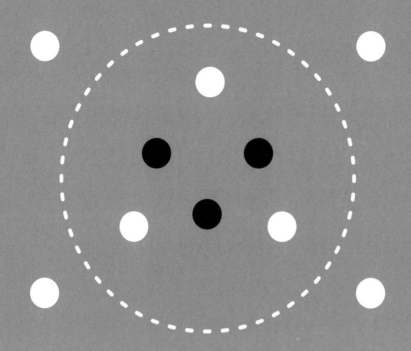

PASO 3

Explorar

Definido y entendido
el problema, toca
explorar en busca
de *hallazgos* que
te permitan formar
nuevas ideas.

Un **hallazgo** creativo es un elemento que estimula la creación de una combinación novedosa. Puede ser un dato que no sabías, una explicación fascinante, una observación reveladora, una respuesta desconocida, una creación cautivadora, un encuentro fortuito, una experiencia sorprendente o cualquier otro descubrimiento que **catalice una nueva idea.**

Piensa en estos hallazgos como la pieza clave para completar un rompecabezas, el descubrimiento que te hace falta para desencadenar una combinación inusual en tu mente.

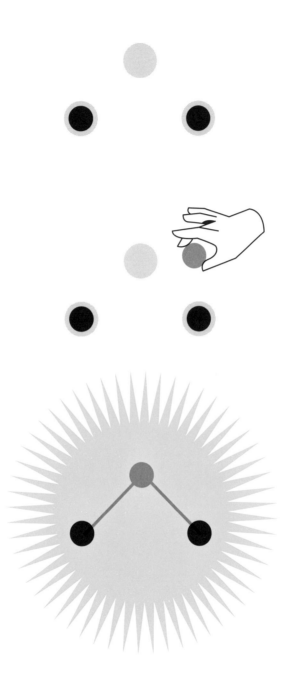

Sabes que diste con un hallazgo creativo cuando:

- Encontraste algo que te hizo replantear el problema o sus actuales soluciones.

- Encontraste algo que te hizo mirar distinto, ver el problema desde otro punto de vista.

- Encontraste algo que te hizo cuestionar o cambiar lo que creías saber.

- Encontraste algo que no conocías o no habías considerado antes.

- Encontraste algo que te permitió superar una barrera física o conceptual.

- Encontraste algo que te hizo entender otra cosa que no comprendías o no sabías cómo hacer.

- Encontraste algo que de inmediato detonó una combinación en tu cabeza.

- Encontraste algo que simplemente te emocionó.

Estos descubrimientos suelen estar **ocultos** a tu experiencia cotidiana. Escondidos en la oscuridad de lo que desconoces, pero también a la luz de lo que crees saber. No por nada se llaman *des-cubrimientos*: algo a lo que le quitamos su cubierta.

Por eso, una buena parte de tu proceso consistirá en **explorar dentro y fuera del problema** para encontrarlos. Mirar lo que no suele ser mirado.

Una expedición creativa.

Las siguientes **guías de exploración** te ayudarán a aventurarte con distintos métodos para dar con estos hallazgos. No tienes que usarlos todos ni seguir el orden en que aparecen. Cada expedición es distinta: a veces encontrarás lo que necesitas con unos, y a veces con otros.

Guía para explorar **dentro** del problema

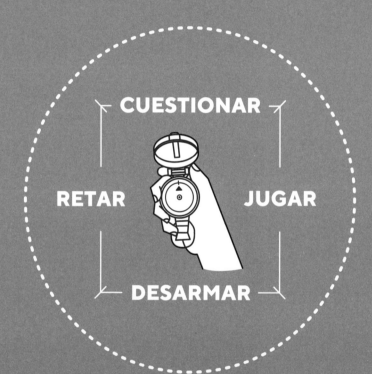

CUESTIONAR

RETAR   JUGAR

DESARMAR

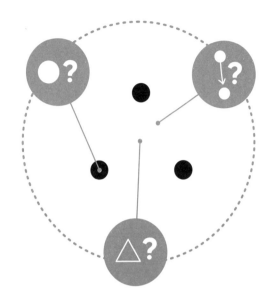

Cuestionar

¿Por qué pasa esto? ¿Por qué se usa esto otro? ¿Por qué se hace de esta manera? Cuestiona todo sobre el problema y sus actuales soluciones, sin importar si las preguntas te suenan ridículas o absurdas. No des nada por hecho, ni siquiera lo que parece obvio o se disfraza de "normal".

Por ejemplo:

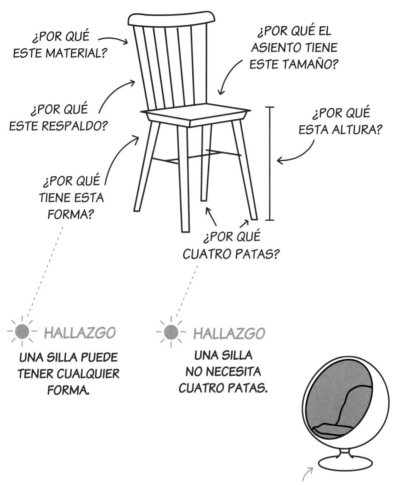

¿POR QUÉ
ESTE MATERIAL?

¿POR QUÉ EL
ASIENTO TIENE
ESTE TAMAÑO?

¿POR QUÉ
ESTE RESPALDO?

¿POR QUÉ
ESTA ALTURA?

¿POR QUÉ
TIENE ESTA
FORMA?

¿POR QUÉ
CUATRO PATAS?

HALLAZGO
UNA SILLA PUEDE
TENER CUALQUIER
FORMA.

HALLAZGO
UNA SILLA
NO NECESITA
CUATRO PATAS.

Muchas sillas famosas se diseñaron a partir
de cuestionar lo que se entendía en su época
por una silla convencional.

Explora cuestionando:

Toma un elemento del problema y hazte de cinco a diez preguntas, empezando con un *¿Por qué...?* Luego busca si ya hay respuestas a esas preguntas o intenta responderlas con tus propias conjeturas, hipótesis o pruebas.

¿POR QUÉ UNA PERSONA?

¿POR QUÉ UNA PERSONA RICA?

¿POR QUÉ TIENE QUE BASARSE EN ALGO REAL?

¿POR QUÉ DEBE PARECER REAL?

¿POR QUÉ ESOS COLORES?

¿POR QUÉ DEBE ESTAR MIRANDO AL FRENTE?

¿POR QUÉ TIENE QUE ESTAR POSANDO?

¿POR QUÉ EN ESTE ENCUADRE?

¿POR QUÉ DESDE UNA SOLA PERSPECTIVA?

¿POR QUÉ UNA PINTURA?

No todas las preguntas que hagas te llevarán a descubrimientos asombrosos. Pero cuestionar es un buen primer paso para escarbar en la superficie de lo evidente en busca de nuevos hallazgos.

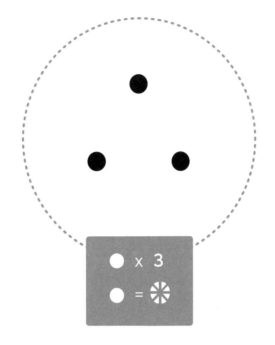

Desarmar

¿Cómo está formado? ¿Cómo está hecho? ¿Cuál es su estructura? ¿Cuáles son sus componentes? ¿Cómo interactúan entre sí? Fragmenta los elementos del problema y analiza sus partes.

Por ejemplo:

¿Cuáles son los ingredientes del ramen?

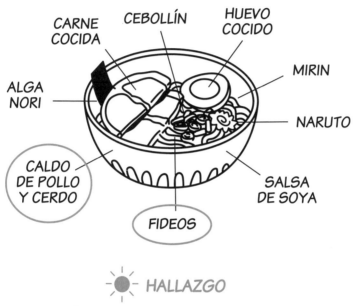

HALLAZGO

¿SE PODRÍAN PROCESAR ESTOS DOS INGREDIENTES
PARA PREPARARLOS CON SOLO AÑADIR
AGUA CALIENTE?

El inventor de la sopa instantánea tendría este y otros hallazgos para crear el alimento japonés más consumido en el mundo.

Explora desarmando:

Toma un elemento del problema y fragméntalo, o busca si alguien ya lo hizo. Esto no solo aplica a objetos físicos: software, organizaciones, modelos de negocio, obras artísticas, estrategias... cualquier elemento puede fragmentarse, sea tangible o abstracto, real o imaginario.

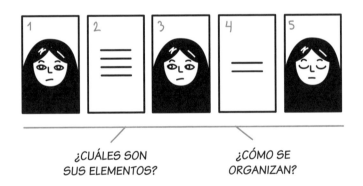

¿CUÁL ES LA ESTRUCTURA DE LA HISTORIA?

¿CUÁLES SON SUS ELEMENTOS?　　¿CÓMO SE ORGANIZAN?

Al romper un elemento en las piezas que lo conforman no solo profundizas en su funcionamiento, también visibilizas conexiones, mecanismos y estructuras donde se ocultan posibles hallazgos.

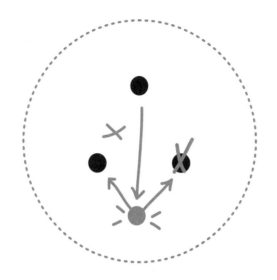

Retar

¿Qué pasaría si se quita esto? ¿Qué pasaría si se pone esto otro? ¿Qué pasaría si se hace distinto? ¿Qué pasaría si ocurre en otras circunstancias? Revélate contra las "verdades sagradas" y pon a prueba qué tan verdaderas y sagradas son en realidad.

Por ejemplo:

¿Qué pasaría si un artista inscribiera un objeto cotidiano en una exposición artística?

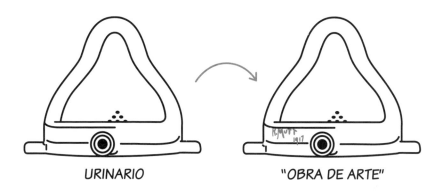

URINARIO   "OBRA DE ARTE"

 HALLAZGO

SI "ARTE" ES LO QUE UN GRUPO DECIDE,
¿CUALQUIER COSA PUEDE SER ARTE?

Al retar lo que se entiende por una obra, se han revelado estructuras viciadas en el mundo del arte.

Explora retando:

Toma un elemento del problema y piensa qué pasaría si lo eliminaras, intercambiaras, reemplazaras o subvirtieras. ¿Cuáles serían los efectos de modificarlo? ¿Qué consecuencias traería?

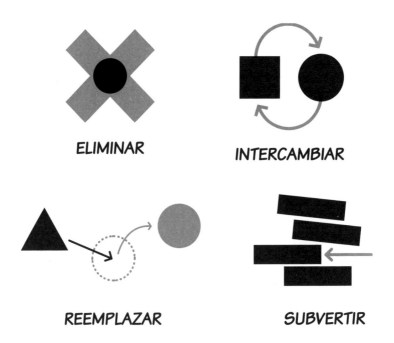

ELIMINAR

INTERCAMBIAR

REEMPLAZAR

SUBVERTIR

El objetivo de estas pruebas mentales es forzarte a **imaginar** qué pasaría si las cosas fueran diferentes. La mayoría de las veces no necesitarás probar estos casos hipotéticos. Sin embargo, algunos hallazgos solo llegarán hasta que pongas tu reto a prueba.

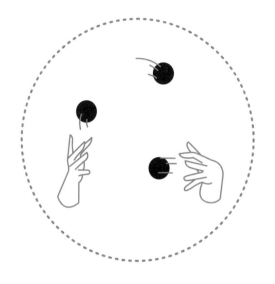

Jugar

A diferencia de los métodos anteriores, aquí no debes hacerte ninguna pregunta o partir de una hipótesis en particular. Juega con los elementos del problema, experimenta con ellos, piensa maneras inusuales de usarlos.

Por ejemplo:

Lo que empezó como chiste se convirtió en una moda que vendió cuatro millones de piedramascotas en la década de 1970. Bastante impresionante para un mundo sin internet.

Explora jugando:

Toma un elemento del problema y dale un uso completamente distinto para el que existe o fue creado. Prueba usos absurdos, irónicos, graciosos, incongruentes, divertidos o que no tengan nada que ver con su función original.

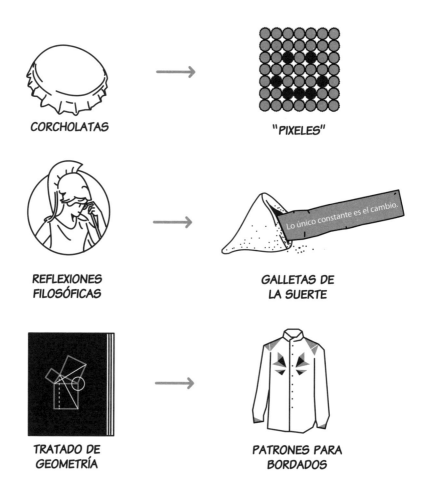

CORCHOLATAS → "PIXELES"

REFLEXIONES FILOSÓFICAS → GALLETAS DE LA SUERTE

Lo único constante es el cambio.

TRATADO DE GEOMETRÍA → PATRONES PARA BORDADOS

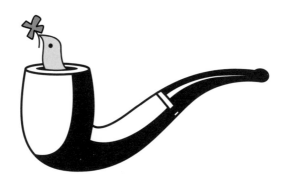

Esto no es una pipa.

Jugar es cosa seria. Cuando lo hacemos, suspendemos las estructuras dominantes por el simple placer de divertirnos. Es en esta libertad que la rigidez de los elementos se resquebraja y deja entrever hallazgos que no hubiéramos percibido de otro modo.

Guía para explorar **fuera** del problema

SIMILITUDES

PERIFERIAS

DISRUPCIONES

SERENDIPIAS

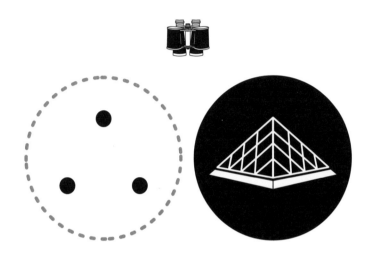

Similitudes

Busca soluciones a otros problemas que se parezcan a lo que quieres resolver.

Por ejemplo:

El pájaro martín pescador puede zambullirse en el agua sin salpicar ni una gota. La forma de su pico logra en el agua algo similar a lo que querían resolver los ingenieros japoneses: mejorar el diseño de los trenes para que la fricción del aire fuera menor al "zambullirse" en los túneles.

HALLAZGO

新幹線

ESTE HALLAZGO INSPIRÓ
EL DISEÑO ACTUAL DE VARIOS
TRENES BALA EN JAPÓN.

Un ejemplo más popular: la creación del concepto de *meme* (unidad mínima de transmisión cultural) se hizo a partir de sus similitudes con los *genes*.

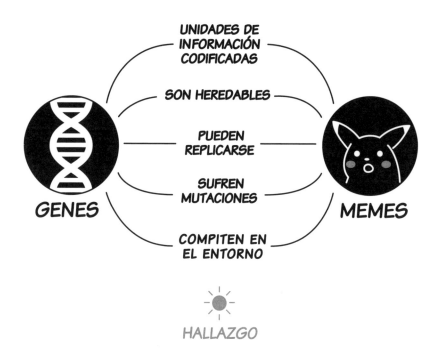

UNIDADES DE INFORMACIÓN CODIFICADAS

SON HEREDABLES

PUEDEN REPLICARSE

SUFREN MUTACIONES

COMPITEN EN EL ENTORNO

GENES

MEMES

HALLAZGO

Las similitudes son una gran fuente de hallazgos creativos. La pintura explora los recursos de otras artes para integrarlos en sus obras. La psicología clínica explora las prácticas de la meditación. La computación explora cómo funciona el cerebro humano. El propio lenguaje explora similitudes para formar metáforas, analogías y otras figuras retóricas.

Ten en cuenta que las similitudes más cercanas a tu problema serán más fáciles de encontrar, pero también menos novedosas. En cambio, las similitudes más lejanas a tu problema serán más difíciles de encontrar y, por lo mismo, más novedosas.

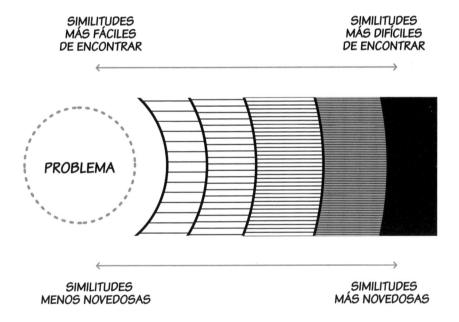

Por ejemplo:

CREAR UNA SERIE DE FICCIÓN

SIMILITUDES
MÁS FÁCILES
DE ENCONTRAR

SERIES DE
FICCIÓN

SIMILITUDES
MENOS NOVEDOSAS

PELÍCULAS
Y SERIES EN
GENERAL

CREACIONES
NARRATIVAS

CREACIONES
NO NARRATIVAS

REALIDAD

SIMILITUDES
MÁS DIFÍCILES
DE ENCONTRAR

SIMILITUDES
MÁS NOVEDOSAS

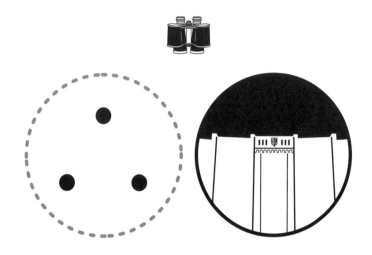

Periferias

Busca en las fronteras espaciales, temporales, culturales y conceptuales de tu realidad.

Viaja a otros lugares:

Pueblos, barrios, ciudades, países, culturas, ecosistemas o entornos que te expongan a elementos desconocidos para ti.

Explora en el pasado:

Busca en la historia, lo clásico y la nostalgia. Modas, soluciones, artefactos y creaciones de otras épocas. Ideas olvidadas o que muy pocos recuerdan.

POR EJEMPLO:

USAR FRAGMENTOS DE CANCIONES DEL PASADO (SAMPLING) ES MUY COMÚN EN LA COMPOSICIÓN MUSICAL.

1979

Explora en el futuro:

Busca en las tendencias, las proyecciones y los escenarios posibles. Invenciones de la ciencia ficción, pronósticos lejanos y especulaciones sobre el mañana.

POR EJEMPLO:

DISPOSITIVOS QUE APARECEN EN SERIES DE CIENCIA FICCIÓN HAN INSPIRADO LA CREACIÓN DE GADGETS REALES, COMO EL CELULAR.

Aventúrate fuera de la cultura normativa:
Explora movimientos, culturas y contraculturas en las periferias de lo *mainstream* y los códigos dominantes.

 POR EJEMPLO:

EL IMPRESIONISMO EMPEZÓ SIENDO UN CLUB DE "RADICALES RECHAZADOS" DE LAS ACADEMIAS DE ARTE FORMALES.

ACADEMIA

IMPRESIONISTAS

Visita los límites del entendimiento:
Los grandes misterios que, por falta de capacidades técnicas, fallas en el pensamiento o simple ignorancia, siguen sin resolverse.

 POR EJEMPLO:

GRANDES PENSADORES DE TODAS LAS ÉPOCAS ALZARON LA MIRADA AL CIELO PARA HACERSE LA MISMA PREGUNTA: "¿POR QUÉ EL CIELO ES AZUL?". Y AL INTENTAR RESPONDERLA, LLEGARON A GRANDES DESCUBRIMIENTOS.

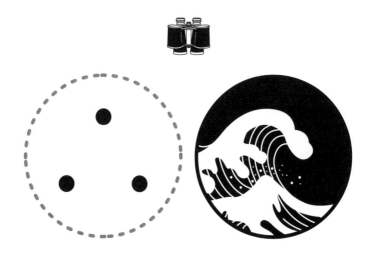

Disrupciones

Busca en las fisuras de la realidad. Las agitaciones que están sacudiendo o reconfigurando tu entorno.

Explora las disrupciones culturales:

Teorías científicas novedosas, corrientes de pensamiento que están replanteando el entendimiento de la realidad, marcos conceptuales que retan la visión de tu mundo.

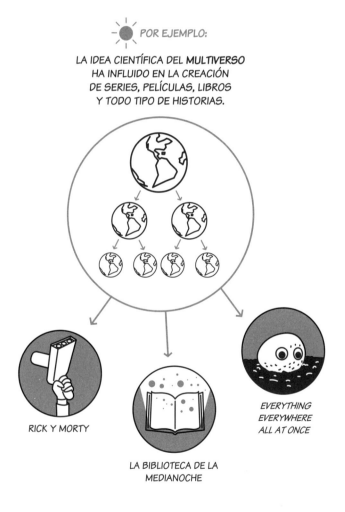

POR EJEMPLO:

LA IDEA CIENTÍFICA DEL **MULTIVERSO** HA INFLUIDO EN LA CREACIÓN DE SERIES, PELÍCULAS, LIBROS Y TODO TIPO DE HISTORIAS.

RICK Y MORTY

LA BIBLIOTECA DE LA MEDIANOCHE

EVERYTHING EVERYWHERE ALL AT ONCE

Explora las disrupciones tecnológicas:
Invenciones, artefactos, herramientas, máqui-
nas, sistemas y creaciones técnicas más recien-
tes. La tecnología que está transformando tu
realidad o que tiene el potencial de hacerlo.

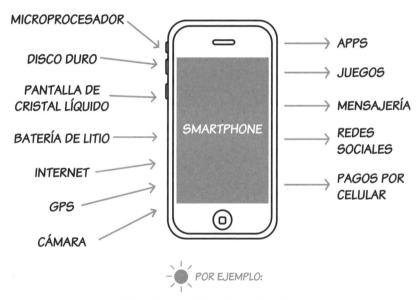

MICROPROCESADOR

DISCO DURO

PANTALLA DE
CRISTAL LÍQUIDO

BATERÍA DE LITIO

INTERNET

GPS

CÁMARA

SMARTPHONE

APPS

JUEGOS

MENSAJERÍA

REDES
SOCIALES

PAGOS POR
CELULAR

POR EJEMPLO:

MUCHAS IDEAS QUE HOY CONSIDERAMOS
EXITOSAS REQUIRIERON DE TECNOLOGÍAS SIN
LAS CUALES NO PUDIERON HABER EXISTIDO.

Explora las disrupciones sociales:
Cómo está cambiando la manera en que las personas se organizan, relacionan e interactúan. Tsunamis económicos, sismos políticos, erupciones laborales, conflictos geopolíticos y todo tipo de transformaciones sociales.

POR EJEMPLO:

CÓMO SE CONOCEN LAS PAREJAS HA CAMBIADO RADICALMENTE. ESO SIGNIFICA NUEVAS NECESIDADES Y PROBLEMAS ESPERANDO SER RESUELTOS.

Explora las disrupciones ambientales:
Cambios en tu entorno físico, fenómenos naturales, catástrofes climáticas, disponibilidad de recursos, mutaciones del ecosistema y las condiciones necesarias para la supervivencia.

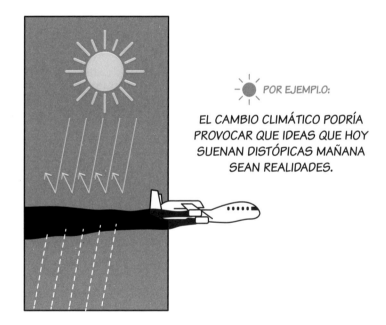

POR EJEMPLO:

EL CAMBIO CLIMÁTICO PODRÍA PROVOCAR QUE IDEAS QUE HOY SUENAN DISTÓPICAS MAÑANA SEAN REALIDADES.

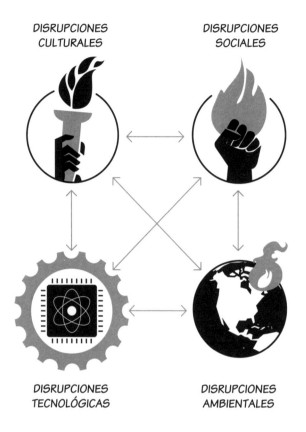

DISRUPCIONES CULTURALES

DISRUPCIONES SOCIALES

DISRUPCIONES TECNOLÓGICAS

DISRUPCIONES AMBIENTALES

Al explorar disrupciones, ten presente que una de ellas suele desencadenar agitaciones en otros territorios. **Pregúntate qué nuevas disrupciones podría provocar una disrupción actual** y sigue esa pista. Te sorprenderán los hallazgos a los que puedes llegar.

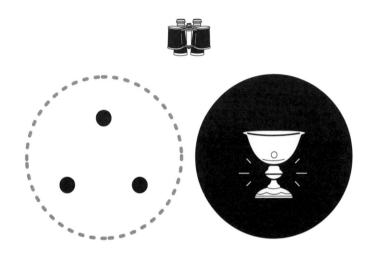

Serendipias

Una serendipia es el azar jugando a tu favor.
Es el encuentro afortunado, el hallazgo opor-
tuno. Un golpe de suerte.

Debido a su naturaleza azarosa, estos descubrimientos pueden ocurrir en cualquier instante: leyendo una novela, viendo un video, escuchando una conferencia, observando una pieza artística, jugando videojuegos, procrastinando en internet, haciendo ejercicio, caminando por la calle, en medio de una conversación, teniendo una experiencia sensorial... donde sea.

Estos "golpes de suerte" son el origen de muchas fábulas que siguen abonando al esoterismo creativo. Como cualquier fenómeno incomprendido, los humanos hemos atribuido las serendipias a personajes mitológicos (las musas), fuerzas místicas (el destino) o favores de la naturaleza (el don).

Hoy sabemos que detrás de varios encuentros afortunados de la ciencia, el arte, la tecnología o el diseño hubo un complejo entramado de contingencias que hicieron posible que esos eventos azarosos ocurrieran y prosperaran.

Por ejemplo, aunque el descubrimiento de la penicilina fue accidental, era **más probable** que ese accidente le ocurriera a alguien que llevaba años dedicándose a la investigación de microorganismos en un laboratorio con recursos para la investigación (como el caso de Alexander Fleming). El azar fue el mismo, lo que cambió fue la probabilidad de que sucediera en un entorno donde pudiera desarrollarse.

¿Cómo puedes explorar serendipias? **Aumentando tus probabilidades de tener una.** Al observar más, investigar más, conocer más, cuestionar más, practicar más, experimentar más y hacer más, vas aumentando las posibilidades de tener uno de esos "golpes de suerte" para tu próxima gran idea.

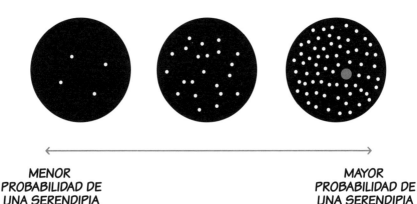

MENOR
PROBABILIDAD DE
UNA SERENDIPIA

MAYOR
PROBABILIDAD DE
UNA SERENDIPIA

Louis Pasteur lo sintetizó en una frase: *el azar favorece a las mentes preparadas.*

En resumen

EXPLORA EN BUSCA DE HALLAZGOS QUE ESTIMULEN LA FORMACIÓN DE NUEVAS IDEAS.

PUEDES EXPLORAR DENTRO DEL PROBLEMA:

CUESTIONANDO

RETANDO

DESARMANDO

JUGANDO

O PUEDES EXPLORAR FUERA DEL PROBLEMA:

BUSCANDO SIMILITUDES

 BUSCANDO PERIFERIAS

BUSCANDO DISRUPCIONES

 BUSCANDO SERENDIPIAS

Con la práctica irás distinguiendo más fácilmente los hallazgos valiosos de los que no lo son. Mientras tanto no descartes ningún descubrimiento que llame tu atención o te haga mirar distinto.

Toma un descanso

Z

El descanso va más allá de reponer energía.
Se trata de una actividad fundamental para
tu proceso creativo.

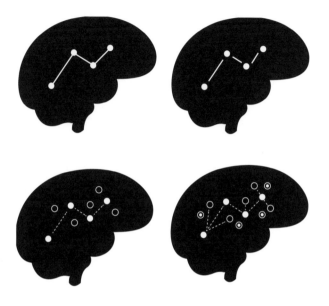

Al descansar entras en un estado de *plasticidad combinatoria*. Las conexiones que parecían rígidas se ablandan y tu cerebro se motiva a buscar nuevos no-dos para conectar. Descansar le permite a tu mente seguir indagando con otro sistema de pensamiento y ex-plorar territorios menos rígidos que cuando lo haces conscientemente.

No es casualidad que varias ideas ocurran en momentos donde la persona parece no estar pensando activamente en el problema. No se trata de musas o revelaciones místicas. Lo que pasa es que, al distraerse, esa persona que ya llevaba un rato trabajando en el problema deja que su mente explore con un método distinto.

A medida que vayas avanzando en tu proceso creativo, tu mente estará más estimulada para reconocer patrones y generar nuevas conexiones tanto consciente como inconscientemente. Alternar entre estas modalidades aumentará tus probabilidades de lograr mejores hallazgos y combinaciones.

Como varias de estas combinaciones inconscientes son aleatorias y un tanto azarosas, no suelen durar mucho en nuestra memoria.

Por eso es importante **anotarlas** tan pronto ocurran (¡y tener siempre con qué anotar!). La mayoría de ellas acabarán olvidadas en la hoja de tu cuaderno, pero una podría ser la idea creativa que tanto estás buscando.

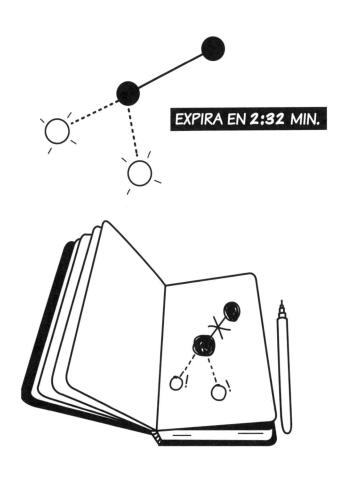

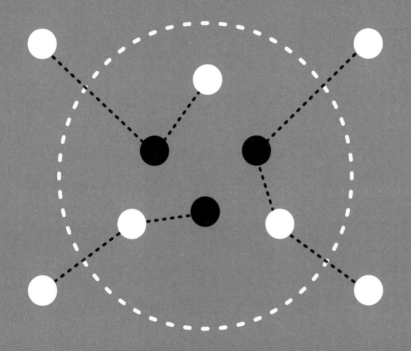

PASO 4

Idear

Hemos llegado
al corazón de la
creatividad: tomar
los ingredientes que
recolectaste y cocinar
con ellos tu próxima
idea creativa.

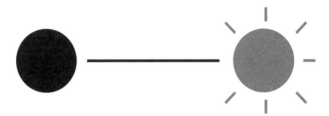

Como viste en los PRINCIPIOS, una idea creativa se forma al **combinar elementos** de manera novedosa para generar valor.

¿De dónde salen esos elementos?

De tu conocimiento sobre el
problema que definiste...

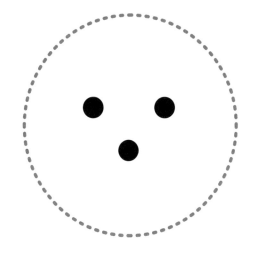

CONOCER

... y de tus hallazgos durante
la exploración.

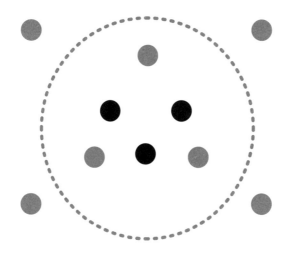

EXPLORAR

También entrará en la mezcla **eso que te hace ser tú.** Tus experiencias, referencias, opiniones, vivencias y gustos serán tus "ingredientes personales" por así decirlo.

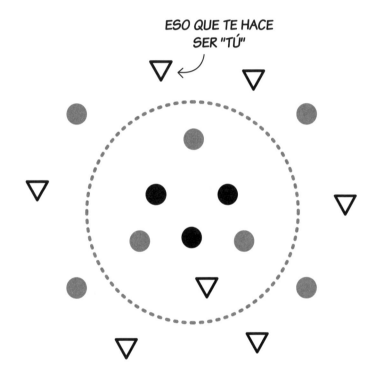

Estos elementos serán combinados dentro de un entorno: **tu entorno**. Y este influirá en las ideas a las que llegues. Recuerda: las asociaciones cambian según quién las haga y en qué contexto.

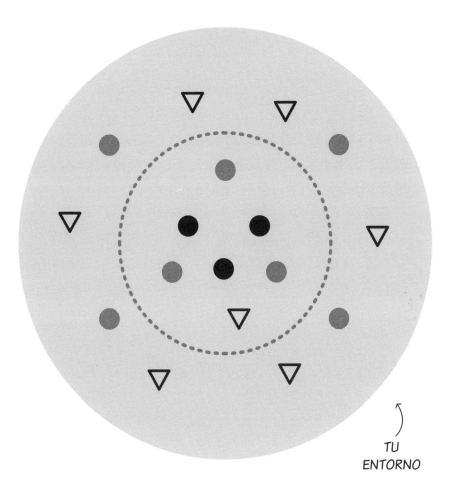

TU
ENTORNO

Si bien idear una combinación novedosa puede tomar su tiempo (de minutos a décadas), enunciar una idea es relativamente sencillo. Solo tienes que **plantear un caso hipotético con los elementos que estás combinando.**

Puedes empezar con un **"¿Y si…"** para formular tu idea creativa sin complicarte demasiado en cómo expresarla.

¿Cómo se mira todo esto en acción? Veamos algunos ejemplos de ideación.

Problema:

Crear un ser mitológico-fantástico para una serie animada.

Conocimientos:

- Los seres mitológicos son la combinación entre dos o más seres reales, sobre todo animales.

- Los bisontes y manatíes son dos de mis animales favoritos.

Hallazgo:

Catbus, un enorme gato autobús de doce patas que puede volar *(Mi vecino Totoro)*.

Ideación:

¿Y si creamos un bisonte-manatí gigante que tenga muchas patas y pueda volar, como el *Catbus* de *Mi vecino Totoro*?

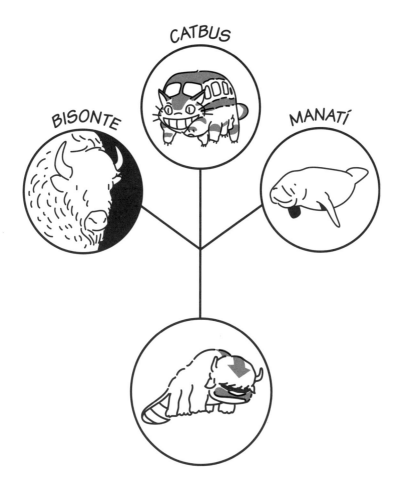

Si eres fan de *Avatar*, la idea te sonará familiar: es *Appa*.

Problema:

Hacerle una broma a los fans de Pokémon en el Día de los Inocentes.

Conocimiento:

Los fans de Pokémon siempre han fantaseado con poder llevar el juego a la realidad.

Hallazgo:

Ingress es un juego de realidad aumentada que, a base de geolocalización, te permite encontrar e interactuar con ítems digitales en el mundo real.

Ideación:

¿Y si hacemos creer a los fans que habrá un juego de Pokémon donde podrán jugar en el mundo real vía realidad aumentada y geolocalización, como en *Ingress*?

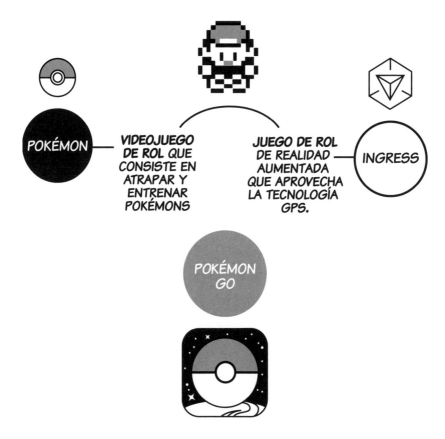

POKÉMON — VIDEOJUEGO DE ROL QUE CONSISTE EN ATRAPAR Y ENTRENAR POKÉMONS

JUEGO DE ROL DE REALIDAD AUMENTADA QUE APROVECHA LA TECNOLOGÍA GPS. — INGRESS

POKÉMON GO

Lo que comenzó como una broma se convertiría en el juego de realidad aumentada más popular de inicios del siglo XXI.

Problema:

Crear una forma más sencilla de unir dos piezas de tela (década de 1940).

Conocimientos:

- El *zipper*, un dispositivo usado para unir dos piezas de tela a través de un mecanismo dentado.

- Conocimientos en ingeniería industrial.

Hallazgo:

Un día caminando por el monte, Georges de Mestral notó que se le habían pegado varios *cadillos* (una especie de erizos de plantas) a sus pantalones. Al analizar esos cadillos bajo el microscopio, descubrió miles de pequeños ganchos que les permitían adherirse a casi cualquier tipo de tela, pegándose y despegándose con facilidad.

Ideación:

¿Y si creamos una tela sintética con un mecanismo similar a los ganchos de los cadillos para abrochar cosas, como lo hacen los zippers?

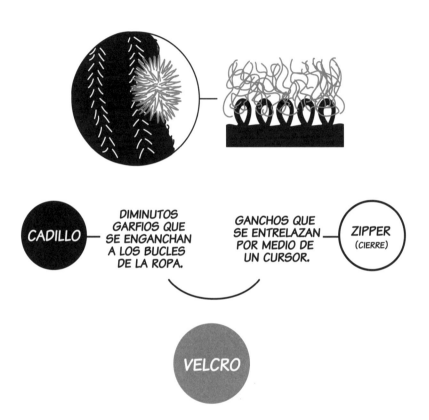

CADILLO — DIMINUTOS GARFIOS QUE SE ENGANCHAN A LOS BUCLES DE LA ROPA.

GANCHOS QUE SE ENTRELAZAN POR MEDIO DE UN CURSOR. — ZIPPER (CIERRE)

VELCRO

Años después de ese día, Georges de Mestral crearía lo que hoy conocemos como velcro.

Problema:

Desarrollar un mejor buscador para internet.

Conocimientos:

• Dominio en ciencias de la computación (algoritmos, programación, topologías de red, etc.).

• Los buscadores de la época (1999) te muestran los resultados más buscados, no los más relevantes.

Hallazgos:

• Un día, mientras Serguéi Brin exploraba el funcionamiento de Altavista (un buscador popular de entonces), descubrió que podía ver los sitios que redirigían al sitio de su facultad vía *links*.

• En el mundo académico, una forma de saber la relevancia de un artículo es cuántas veces ha sido *citado por otros artículos*. Entre más citado, más relevante.

Ideación:

¿Y si creamos un algoritmo que usa los *links* como sistema de citación para saber cuáles son las páginas más relevantes en una búsqueda?

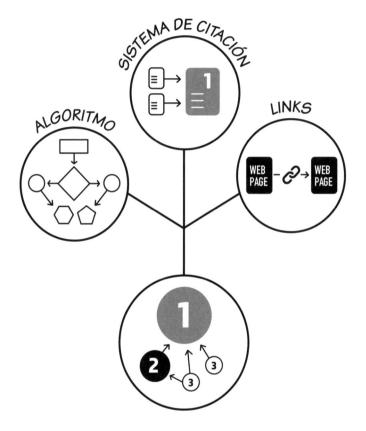

Este es el principio de PageRank, la familia de algoritmos con la que se creó Google.

Problema:
Una forma más fácil de transportar maletas (en 1970 aquello era un verdadero fastidio).

Conocimiento:
Bernard D. Sadow era vicepresidente de una compañía de equipaje, así que tenía conocimiento en cuanto a su fabricación.

Hallazgo:
Un día, regresando de un viaje familiar y después de caminar por el aeropuerto cargando dos pesadas maletas, Sadow vió a un trabajador del aeropuerto mover sin esfuerzo una máquina pesada usando un patín sobre ruedas.

Ideación:
¿Y si las maletas trajeran integrado su propio patín sobre ruedas para moverlas sin esfuerzo?

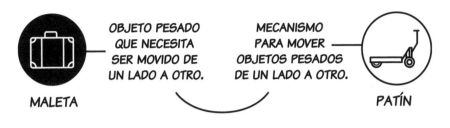

MALETA — OBJETO PESADO QUE NECESITA SER MOVIDO DE UN LADO A OTRO. | MECANISMO PARA MOVER OBJETOS PESADOS DE UN LADO A OTRO. — PATÍN

MALETA CON RUEDAS

Suena a chiste, pero la humanidad logró llegar a la Luna antes de que a alguien se le ocurriera ponerle ruedas a las maletas. A veces las combinaciones más obvias son también las más ocultas.

No todas las ideas se forman en solitario. Varias personas pueden contribuir con distintos elementos a lo largo de la ideación.

Problema:

Construir un *landmark* para la Exposición Universal de 1962 en Seattle.

Conocimiento:

Edward Carlson, presidente de la Exposición, era parte de una cultura fascinada con la exploración espacial y los ovnis.

Hallazgo:

En un viaje a Alemania, Carlson quedó maravillado con la Torre de TV de Stuttgart.

Ideación:

¿Y si para la Exposición Universal en Seattle hacemos una torre como la Torre de TV de Stuttgart, pero con un ovni en la punta?

Aunque había una idea inicial, aún faltaban elementos y hallazgos aportados por otras personas para llegar a la ideación final.

Conocimiento:

El despacho de arquitectura de John Graham, que se encargaría de ejectuar la idea para la torre, ya había diseñado un restaurante giratorio en Hawái llamado *La Ronde* (con forma de ovni).

Hallazgo:

El arquitecto Victor Steinbrueck, consultor del proyecto, vio en la escultura *The Feminine One* una forma que podría funcionar para la base de la torre.

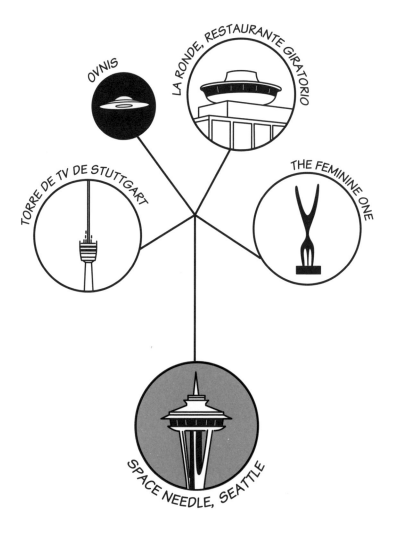

OVNIS

LA RONDE, RESTAURANTE GIRATORIO

THE FEMININE ONE

TORRE DE TV DE STUTTGART

SPACE NEEDLE, SEATTLE

El resultado: uno de los íconos más emblemáticos
de la ciudad de Seattle.

Al leer estos ejemplos, pareciera que las ideas creativas ocurren "a la primera", pero es solo una ilusión con fines educativos. En todos los casos anteriores, antes de llegar a esa combinación ganadora las personas involucradas probaron varias ideas, usando distintos conocimientos y hallazgos.

Por lo general, para llegar a una idea creativa ganadora tienes que **probar con varias combinaciones.**

Problema:

Hacer una película de terror que se diferencie del resto.

Conocimientos:

- Las películas de terror suelen funcionar porque los personajes se encuentran en una situación de peligro inminente donde nadie puede ayudarlos. Tienen que valerse por sí mismos para sobrevivir.

- *Tiburón* (1975) fue una película que logró aterrorizar a las personas sin necesidad de mostrar constantemente la amenaza.

Hallazgos:

- ¿Por qué todo lo que amenaza a nuestros protagonistas deben ser humanos o entidades demoníacas? ¿Es lo único que nos puede atemorizar?

- ¿Por qué todo debe ocurrir en Estados Unidos? ¿O en el planeta Tierra? ¿O en nuestra época actual?

Ideación:

1. ¿Y si hacemos una película de terror donde el tiburón es la víctima y los humanos la amenaza?

2. ¿Y si hacemos una película de terror en una época medieval?

3. ¿Y si hacemos una película de terror que sucede en el espacio?

De pronto, esta última idea empieza a "resonar" más. El espacio sería un terrible lugar para enfrentar una amenaza. Lejos de la Tierra, sin nadie que pueda ayudarte. Pero aún es una idea muy ambigua, le hace falta combinar otro elemento. ¿Qué tal el tiburón?

¿Y si hacemos *Tiburón* (la película) pero en el espacio, donde en lugar de un tiburón es un alien quien amenaza a la tripulación?

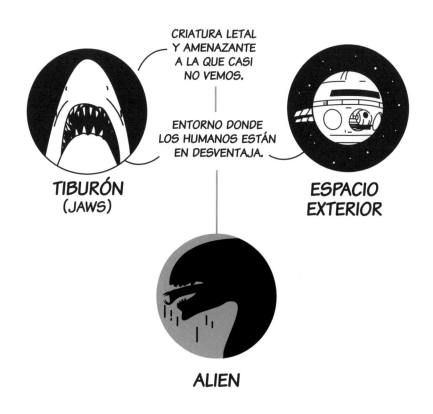

CRIATURA LETAL Y AMENAZANTE A LA QUE CASI NO VEMOS.

ENTORNO DONDE LOS HUMANOS ESTÁN EN DESVENTAJA.

TIBURÓN
(JAWS)

ESPACIO
EXTERIOR

ALIEN

Tiburón en el espacio fue como los creadores de *Alien* vendieron su idea. En el mundo de las series y películas es muy común presentar las ideas de esta manera: mostrando los elementos que se usaron para idear la combinación.

¿Qué hacer si se te dificulta formar combinaciones?

Tu mente irá generando combinaciones a medida que vayas CONOCIENDO y EXPLORANDO. Muchas veces los (buenos) descubrimientos serán suficientes para detonar ideas creativas.

Pero ¿qué pasa si no es el caso?

Si te cuesta trabajo empezar a idear, puedes usar la estructura que viste en los ejemplos para aterrizar tus propias combinaciones sin tener que pensar demasiado en cómo organizar los elementos.

Problema:

Conocimientos:

Hallazgos:

Ideación:

También puedes ejercitar tu mente "forzando" combinaciones.

Para hacerlo, agrupa tus conocimientos y hallazgos en dos columnas. Escribe el problema que definiste en la parte superior y úsalo como brújula (te sorprendería lo común que es perderse y olvidar lo que se quería lograr en primer lugar).

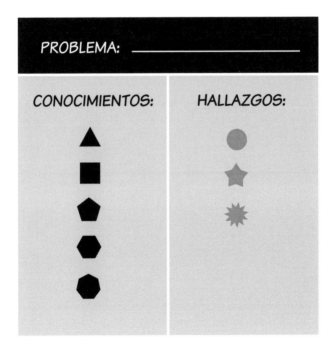

Ahora pregúntate qué pasaría si elementos de la columna "Conocimientos" y de la columna "Hallazgos" se mezclaran. Forma tantas combinaciones como puedas, sin juzgar si son buenas o malas.

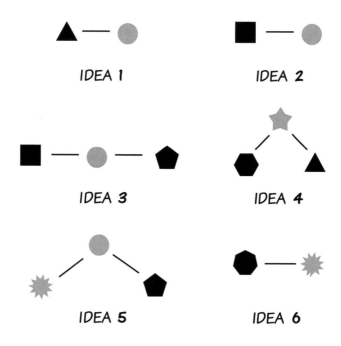

Este ejercicio te ayudará a despertar tu mente creativa, practicar asociaciones, considerar si necesitas más conocimiento o hallazgos... y hasta llegar a una idea interesante.

Por ejemplo:

PROBLEMA: ESCRIBIR UNA HISTORIA DE FANTASÍA CON UN TONO MÁS CRUDO, ALEJADA DE LAS CONVENCIONES DEL GÉNERO.

CONOCIMIENTOS

- EL PROTAGONISTA SUELE SER UNA ESPECIE DE "ELEGIDO".

- LA HISTORIA OCURRE EN UN UNIVERSO FICTICIO.

- MAGIA Y OTROS ELEMENTOS SOBRENATURALES.

- DRAGONES.

  REFERENTES:
  - *LORD OF THE RINGS.*
  - *HARRY POTTER.*

HALLAZGOS

- LA PELÍCULA *BASTARDOS SIN GLORIA.*

- LA PELÍCULA *BUSCANDO A NEMO.*

- LA SERIE *BREAKING BAD.*

- EL PROGRAMA DE TV *MASTER CHEF.*

Idea 1

¿Y si en un mundo donde solo se puede hacer magia usando sustancias ilegales, el "elegido" para acabar con esas sustancias, termina convirtiéndose en su mayor traficante?

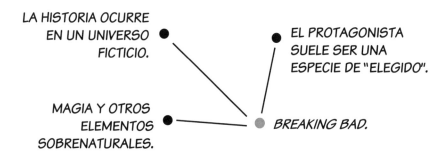

LA HISTORIA OCURRE EN UN UNIVERSO FICTICIO.

EL PROTAGONISTA SUELE SER UNA ESPECIE DE "ELEGIDO".

MAGIA Y OTROS ELEMENTOS SOBRENATURALES.

BREAKING BAD.

Idea 2

¿Y si un dragón tuviera que viajar por el peligroso mundo humano para encontrar a su hijo capturado por cazadragones?

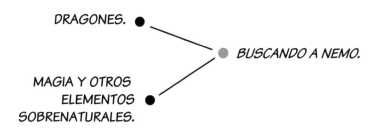

DRAGONES.

BUSCANDO A NEMO.

MAGIA Y OTROS ELEMENTOS SOBRENATURALES.

Idea 3

¿Y si en una ciudad de la Tierra Media bajo la ocupación del Señor Oscuro, un grupo de soldados humanos, enanos y elfos forman una unidad especial para cazar orcos y vengarse?

LORD OF THE RINGS. ●———● BASTARDOS SIN GLORIA.

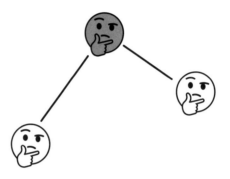

¿Las tres ideas anteriores son buenas o malas? ¿Cuál o cuáles deberías elegir? ¿Valdría la pena probar más combinaciones? Estas son dudas comunes a las que te enfrentarás durante la IDEACIÓN. Y, tarde o temprano, llegarás a la gran pregunta...

¿Cómo saber si tienes una "buena idea"?

Esta es quizá la preocupación más grande al empezar a formar combinaciones novedosas. ¡No caigas en la trampa! En los siguientes pasos descartarás y elegirás entre las ideas que podrían funcionar de las que no. Por ahora, en lo único que debes enfocarte es en formular tantas combinaciones novedosas como puedas. No importa que suenen absurdas, ridículas y hasta imposibles, mientras cumplan con el siguiente requisito:

Es una combinación que
te gusta, emociona o atrae.

Eso es todo.

Puede parecer un requisito poco riguroso, y ese es precisamente el punto. Si la combinación te agrada, es porque tu mente ha detectado, consciente o inconscientemente, una ruta de asociaciones significativa que **le hace sentido.**

La sensación es un placer similar a cuando logras resolver un acertijo o superar un obstáculo. A nuestra mente le encanta premiarnos cuando encontramos la posible solución a un problema.

Claro que tu cuerpo puede equivocarse. De hecho lo hace, como bien lo demuestran miles de ideas que no funcionaron como se esperaba. Pero este **mecanismo de recompensa y gratificación** sigue siendo **tu mejor guía** para saber si debes conservar una combinación o descartarla.

Por lo menos en esta parte de tu proceso.

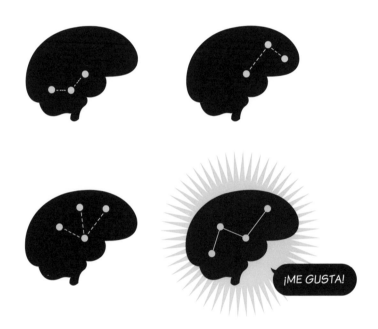

En resumen

UNA IDEA CREATIVA ES UNA **COMBINACIÓN NOVEDOSA DE ELEMENTOS** QUE PUEDE GENERAR **VALOR.**

ESTOS ELEMENTOS SUELEN VENIR DE TU CONOCIMIENTO...

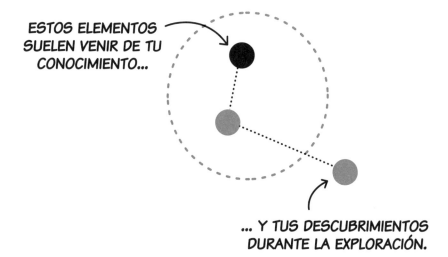

... Y TUS DESCUBRIMIENTOS DURANTE LA EXPLORACIÓN.

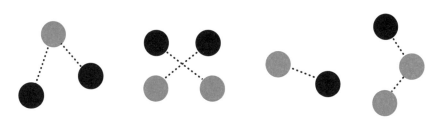

RARA VEZ LA PRIMERA COMBINACIÓN ES LA IDEA GANADORA. POR ESO NECESITAS PROBAR VARIAS COMBINACIONES.

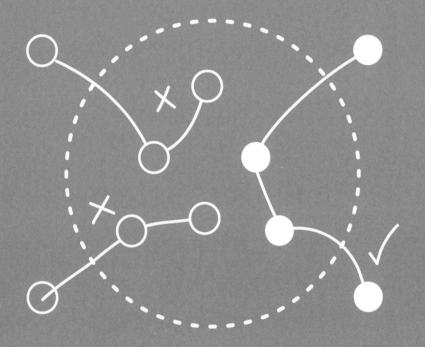

PASO 5

Formar

Hasta ahora
tus ideas son
combinaciones
que viven en tu
cabeza. Es hora de
darles **forma.**

Aunque solemos romantizar la ideación, el momento crítico del proceso creativo está en la ejecución (FORMAR y HACER). Una misma combinación puede derivar en una solución brillante, un resultado decepcionante o un producto fallido según cómo se ejecute.

Existen varias técnicas para darle forma a una idea, pero la que vamos a ver aquí consiste en **bocetar.**

Bocetar es un concepto prestado del mundo del arte, y se refiere a las pruebas y trazos previos a la obra definitiva. Estas pruebas van insinuando la forma general de la idea, sin detenerse en los detalles.

Por si te lo preguntabas: a diferencia del boceto artístico, para bocetar una idea no necesitas saber dibujar.

Bocetar tiene muchas ventajas:

- Empiezas a visualizar y darle forma a la idea que hasta ahora solo vive en tu cabeza.

- Te permite explorar varios caminos para hacerla realidad de manera ágil y rápida.

- Te facilita comparar posibles soluciones antes de tener que invertir tiempo, esfuerzo o dinero en una.

- Te permite detectar resistencias, obstáculos o retos que podrías enfrentar más adelante.

- Te puede revelar más hallazgos (y formar aún más ideas).

¿Cómo bocetar una idea?

Bocetar consiste en **expresar visualmente cómo podría existir tu idea**. Estos tips te ayudarán a lograrlo:

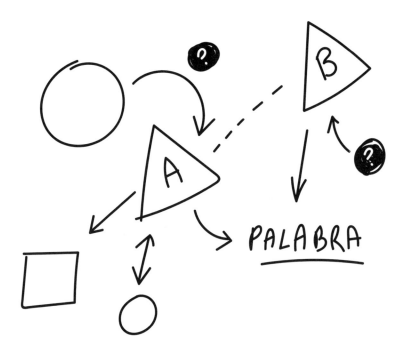

1. Usa figuras simples

Círculos, flechas, líneas, figuras geométricas, palabras, signos... Usa las formas más básicas y fáciles de trazar para ti. No te preocupes por la belleza de tus líneas, el objetivo de tu boceto es ir esculpiendo tu idea en algo tangible.

Con unas cuantas líneas puedes bocetar:

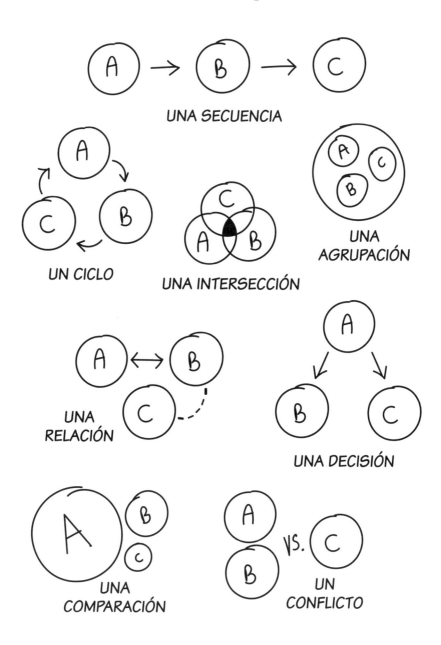

UNA SECUENCIA

UN CICLO

UNA INTERSECCIÓN

UNA AGRUPACIÓN

UNA RELACIÓN

UNA DECISIÓN

UNA COMPARACIÓN

UN CONFLICTO

No necesitas trazar diagramas detallados ni usar un lenguaje rebuscado o extremadamente preciso. Usa palabras sencillas y utiliza los conceptos tal y como te vayan llegando a la cabeza.

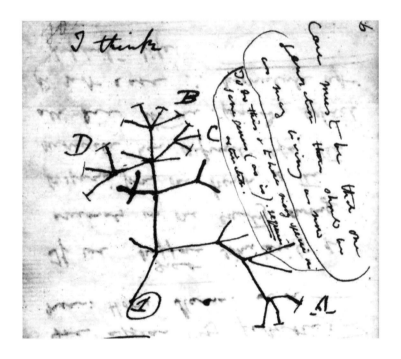

Charles Darwin hizo este boceto en 1837. Unas cuantas líneas y algunas anotaciones fueron suficientes para bocetear una de las ideas más revolucionarias de la historia: las especies descienden de un ancestro común.

2. Interroga tu idea

En buena parte bocetar consiste en hacerte preguntas sobre tu propia idea, ya sea para responderlas,
detectar obstáculos o detonar nuevos descubrimientos. No necesitas tener la respuesta de todo lo que
te vayas preguntando. Si no sabes algo, márcalo con
un signo de interrogación o una pregunta sencilla, y
sigue bocetando.

Por ejemplo:

Problema:
Crear una hamburguesa que sea deliciosa y
provoque curiosidad probarla.

Conocimiento:
• La clásica hamburguesa suele llevar carne molida
  asada, queso y un bollo de pan.

• A las personas les da morbo probar
  combinaciones raras en alimentos conocidos.

Hallazgos:
Una de las combinaciones más amadas es el pan con
crema de maní y mermelada de fresa.

Ideación:
¿Y si creamos una hamburguesa con crema de maní
y mermelada de fresa?

Olvida si la idea suena deliciosa o es una aberración al paladar. ¿Cómo se bocetaría? Empezaríamos con lo primero que se nos ocurre que hay que hacer:

¿Qué carne usarías? ¿Cómo la sazonarías tomando en cuenta los sabores dulces? Vamos añadiendo las dudas, respuestas y elementos que se nos vayan ocurriendo:

Después, ¿qué seguiría?

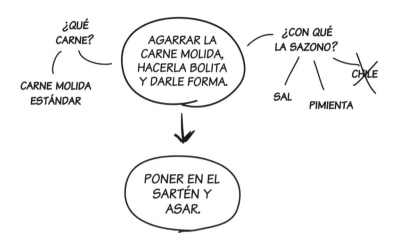

¿Asamos con aceite o mantequilla? ¿Va a llevar queso? Conforme bocetamos, vamos pensando a través de nuestros trazos:

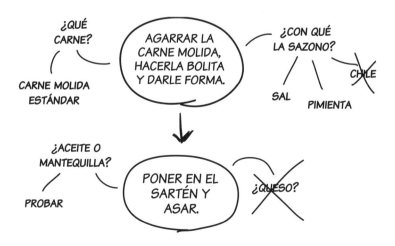

Luego, ¿qué sigue? ¿Qué dudas van surgiendo? ¿Qué se nos va ocurriendo?

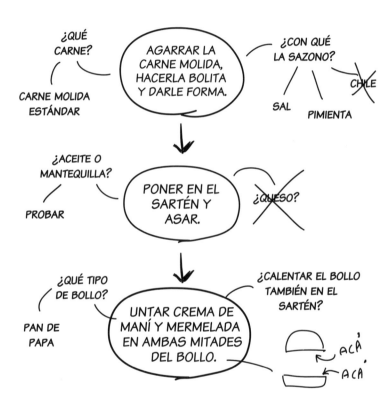

Finalmente, ¿cómo quedaría armada nuestra hamburguesa?

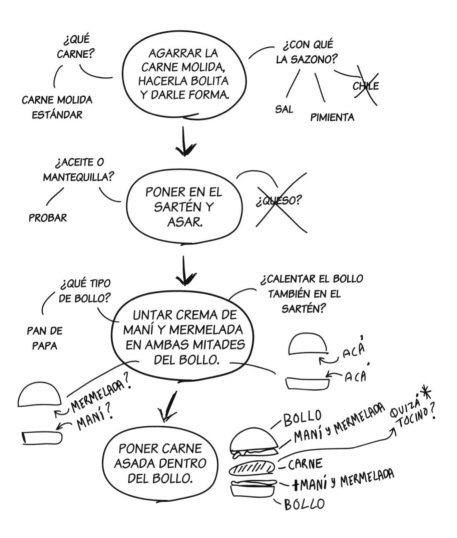

La próxima hamburguesa de moda o un delito gastronómico, pero tenemos un boceto.

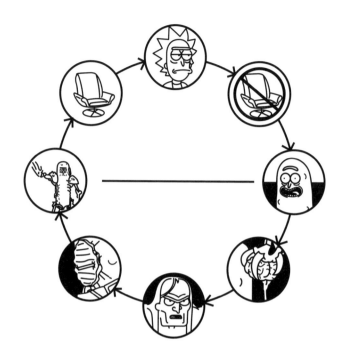

3. Si existe, prueba usar un *framework* o estructura

Si tu idea es algo que la humanidad lleva un rato haciendo (historias, investigaciones científicas, inventos, negocios...), es probable que ya existan varios *frameworks* o estructuras para ello. Puedes encontrar estos *templates* en libros especializados sobre lo que quieres hacer, o incluso en internet.

Más que fórmulas, piensa en estos *frameworks* como **guías para bocetar**. Algo similar a los esqueletos y figuras geométricas que se usan en el dibujo.

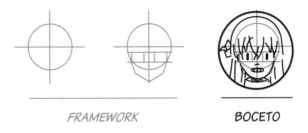

FRAMEWORK   BOCETO

Por ejemplo:

Miles de historias que se han contado en libros, películas, series y videojuegos usando esta estructura:

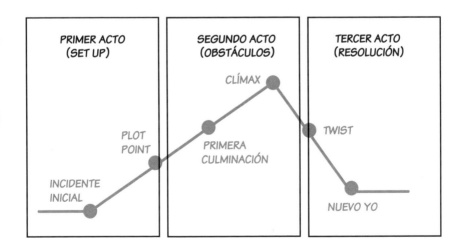

Idea para película

¿Y si en un mundo donde nuestros juguetes cobran vida cuando no los vemos, uno de ellos quisiera eliminar a otro por miedo a que le quite su lugar como juguete favorito?

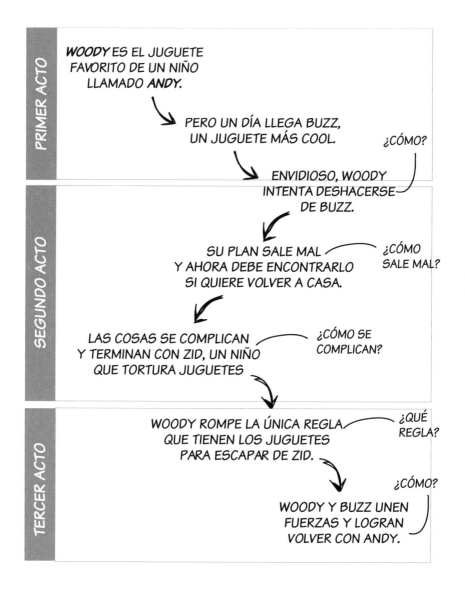

PRIMER ACTO

WOODY ES EL JUGUETE FAVORITO DE UN NIÑO LLAMADO ANDY.

PERO UN DÍA LLEGA BUZZ, UN JUGUETE MÁS COOL. ¿CÓMO?

ENVIDIOSO, WOODY INTENTA DESHACERSE DE BUZZ.

SEGUNDO ACTO

SU PLAN SALE MAL Y AHORA DEBE ENCONTRARLO SI QUIERE VOLVER A CASA. ¿CÓMO SALE MAL?

LAS COSAS SE COMPLICAN Y TERMINAN CON ZID, UN NIÑO QUE TORTURA JUGUETES ¿CÓMO SE COMPLICAN?

TERCER ACTO

WOODY ROMPE LA ÚNICA REGLA QUE TIENEN LOS JUGUETES PARA ESCAPAR DE ZID. ¿QUÉ REGLA?

¿CÓMO?

WOODY Y BUZZ UNEN FUERZAS Y LOGRAN VOLVER CON ANDY.

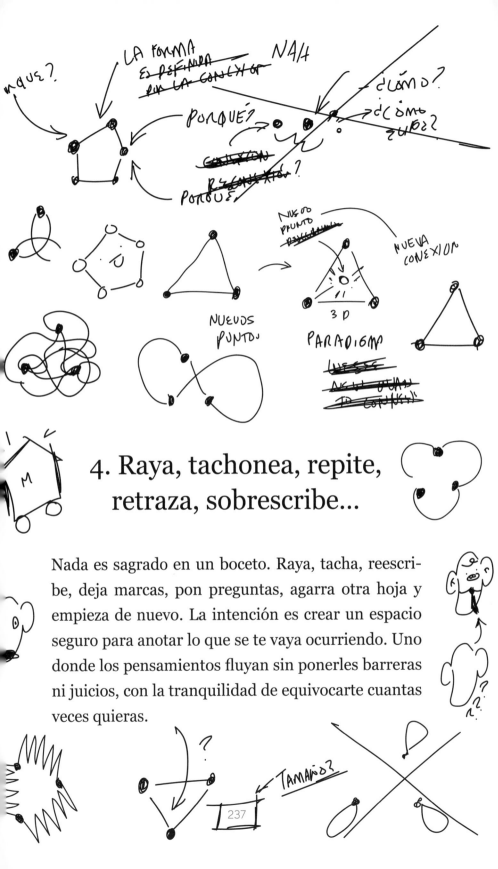

4. Raya, tachonea, repite, retraza, sobrescribe...

Nada es sagrado en un boceto. Raya, tacha, reescribe, deja marcas, pon preguntas, agarra otra hoja y empieza de nuevo. La intención es crear un espacio seguro para anotar lo que se te vaya ocurriendo. Uno donde los pensamientos fluyan sin ponerles barreras ni juicios, con la tranquilidad de equivocarte cuantas veces quieras.

Es raro acceder a los bocetos de otras personas. Estos trazos son tan personales e íntimos que pocas veces tenemos la oportunidad de verlos.

Cuando lo hacemos, se nos revela un mundo caótico de líneas, tachones, preguntas y dibujos que le van dando vida a las ideas. Una mirada al proceso creativo. Una instantánea de la mente en acción.

Estas notas de Marie Curie muestran que pensar con trazos trasciende disciplinas.

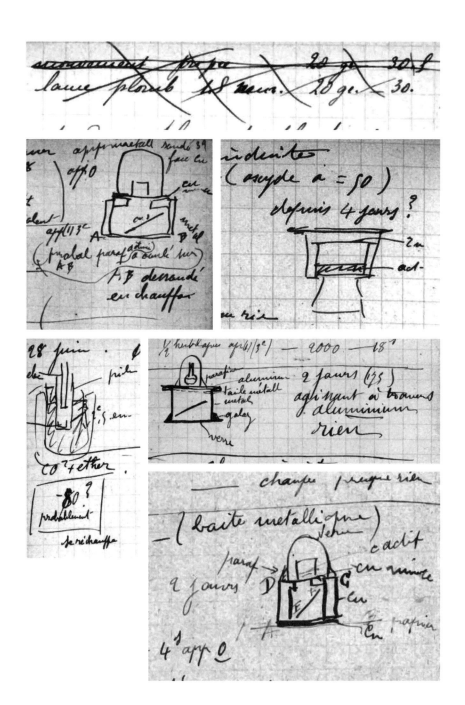

5. No te pierdas en los detalles

Cuando una idea nos empieza a emocionar, es tentador que vayamos añadiendo más y más detalles a nuestro boceto. ¡Resiste! Tu boceto estará terminado cuando te muestre la silueta de la idea. Una vez que la forma esté clara, es hora de parar.

Mira estos bocetos de dos de las naves espaciales más icónicas de la cultura pop: el TIE Fighter y el X-Wing.

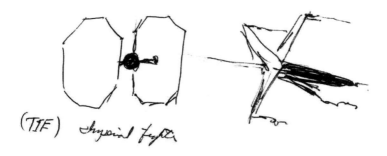

(TIE) *Imperial fighter*

Se pudo haber seguido añadiendo detalles, líneas, trazos... pero no era necesario. Esos bocetos eran suficientes para dar a entender la forma distinguible de la idea, una silueta reconocible.

FORMAR tiene otra función importante en tu proceso: te ayuda a **distinguir** si deberías **seguir adelante con una idea o descartarla.**

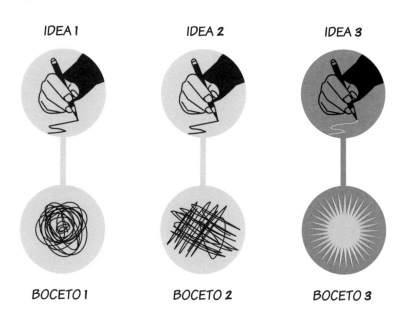

¿Recuerdas que al IDEAR el único criterio para elegir una combinación es que te emocione? Pues bien, al bocetar una idea también la estás evaluando. Viendo si logra pasar su primera prueba en el mundo real.

Cuando juzgues tus ideas no lo hagas en términos de "buena idea" o "mala idea". Después de todo, solo podrás saber con certeza si una combinación novedosa funciona hasta que la hagas. En vez de eso, detecta por medio de tus bocetos si la idea tiene **potencial.**

¿Cómo saber si una idea creativa tiene potencial?

- No se te complica bocetarla, fluye con cierta facilidad.

- A medida que la bocetas vas teniendo más ideas o hallazgos.

- Al bocetarla, tu gusto o emoción por la idea aumenta.

- Tu boceto puede responder estas preguntas:

¿Cómo podría hacerse o probarse esta idea?

¿Qué necesitarías para llevarla a cabo? ¿Cuáles serían los pasos a seguir? ¿Por dónde podrías empezar? Muchas de estas preguntas no tendrán respuesta en tu boceto, y algunas otras las irás respondiendo a medida que pongas manos a la obra. Sin embargo, el boceto sirve como un plan de acción inicial.

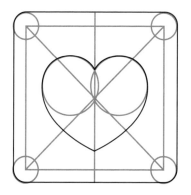

¿Cómo se mostraría o expresaría?

Toda idea tiene una manifestación física. Incluso las ideas más abstractas pueden expresarse con palabras, signos, diagramas o imágenes. *¿Cómo se verá tu idea? ¿Cómo se leerá, contará o explicará? ¿Cómo se usará? ¿Cómo se pondrá en práctica? ¿Cómo sabrá, olerá, sentirá?* Recuerda: tu boceto no debe detallar el resultado final, solo insinuar la forma general.

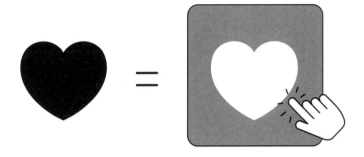

¿Cómo o por qué resolvería el problema?

Tu idea creativa partió de un problema que quieres resolver, algo que pretendes lograr o hacer. El boceto deberá darte indicios de cómo lo que ideaste podría ser la solución a ese problema.

¿Qué la haría diferente de lo que ya existe?

Si tu idea es exactamente igual a lo que ya se ha hecho, no tienes una combinación novedosa. Aunque una idea parte de otros elementos, el resultado de mezclarlos debe diferenciarse de lo que ya existe.

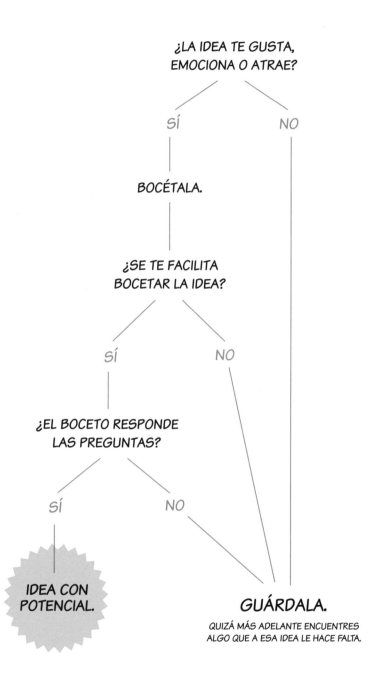

¿LA IDEA TE GUSTA, EMOCIONA O ATRAE?

SÍ → BOCÉTALA.

NO

¿SE TE FACILITA BOCETAR LA IDEA?

SÍ

NO

¿EL BOCETO RESPONDE LAS PREGUNTAS?

SÍ → IDEA CON POTENCIAL.

NO → GUÁRDALA.
QUIZÁ MÁS ADELANTE ENCUENTRES ALGO QUE A ESA IDEA LE HACE FALTA.

En resumen

UNA IDEA CREATIVA NECESITA **FORMARSE**, PASAR DE UNA COMBINACIÓN QUE VIVE EN TU CABEZA A ALGO QUE PUEDA MATERIALIZARSE.

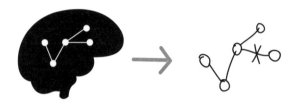

BOCETAR ES UNA MANERA RÁPIDA DE EMPEZAR A DARLE FORMA A TUS IDEAS.

1. USA TRAZOS SIMPLES.

2. INTERROGA LA IDEA.

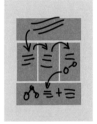

3. SI EXISTE, USA UN *FRAMEWORK* O *TEMPLATE*.

4. RAYA, TACHONEA, REESCRIBE...

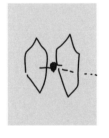

5. NO TE PIERDAS EN LOS DETALLES.

SI SE TE FACILITA BOCETAR LA IDEA, ES MUY PROBABLE QUE ESA IDEA TENGA POTENCIAL.

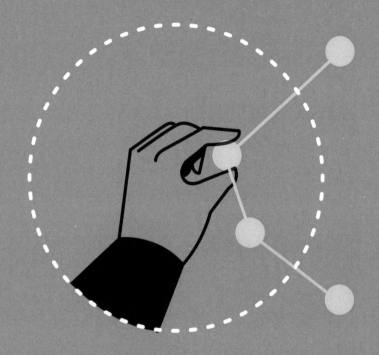

PASO 6

Hacer

Si llegaste a esta parte del PROCESO, es porque (espero) tienes ya una idea con potencial que puedes empezar a trabajar. Podrías seguir detallando y puliendo tu boceto, pero correrías el riesgo de caer en una trampa de la que es difícil escapar: la parálisis por análisis.

No importa cuánto lo intentes, ninguna idea es perfecta. Ninguna ejecución será impecable.

Las ideas creativas son incertidumbre pura. *¿Funcionará? ¿Fracasará? ¿Será la solución que estabas buscando? ¿La creación que querías hacer? ¿Un éxito? ¿Una sorpresa? ¿Una decepción? ¿Un inofensivo "meh"?* No hay forma de saberlo porque esa idea realmente no existe. Aún.

El proceso creativo te ayudará a reducir esa incertidumbre. También tu experiencia. A medida que vayas haciendo más ideas comenzarás a detectar patrones. Te harás de un criterio. Y, poco a poco, te será más fácil distinguir las ideas que podrían funcionar de las que no.

Aun así, ni toda la experiencia del mundo ni todas las herramientas que existen podrán darte nunca un juicio infalible.

Al final, la única forma de eliminar la incertidumbre por completo, de saber con absoluta certeza si una idea creativa funciona o no, es **haciéndola.**

Materializar una idea creativa requiere **técnica**, **práctica** y **constancia.**

Técnica para saber cómo hacerla, práctica para llevarla a cabo y constancia para seguir haciéndola, incluso en los días donde la motivación flaquea o los obstáculos se acumulan.

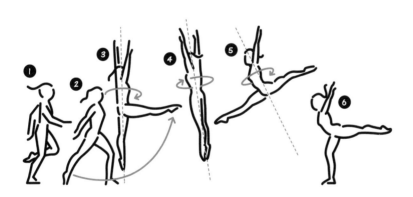

Según el tipo de idea serán las técnicas que deberás adquirir para hacerla. Las habilidades para componer una canción son distintas a las que necesitas para producir una serie, o crear una estrategia de comunicación, o escribir una historia, o trabajar una teoría científica, o poner un negocio, o diseñar un producto, o crear una pieza artística...

Todo proceso tiene un límite y el del PROCESO CREATIVO es este. Aunque la mayoría de las ideas creativas parte de los mismos principios, cada una seguirá un camino distinto.

Algunos apuntes finales de esta nueva fase de tu aventura creativa:

1. Mentalízate para el cambio

La idea que empieces probablemente no será la misma que termines haciendo. A medida que vayas trayendo a la realidad esos bocetos, irás descubriendo limitaciones, errores y nuevos hallazgos que te harán afinar o de plano cambiar tu idea. Y está bien. Una idea es una entidad viva y va a comportarse como tal.

Expectativa:

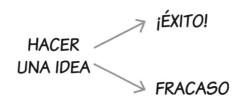

Realidad:

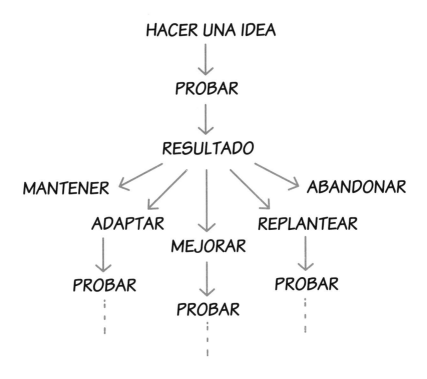

2. Vas a equivocarte

Me gustaría decir que "equivocarse es maravilloso" o cualquier frase motivacional que resignifique el fracaso. Pero equivocarse duele. Y hacer algo novedoso (es decir, creativo) significa que es probable que te equivoques en el camino. No por nada hay más personas replicando lo que ya funciona que intentando hacer cosas nuevas. **La creatividad requiere una pizca de valentía.**

Las ideas exitosas acaparan tanto nuestra atención que parecieran ser las únicas. No te dejes engañar: por cada idea que funciona, hay cientos de intentos fallidos que nunca llegamos a conocer.

IDEAS EXITOSAS
(QUE VEMOS)

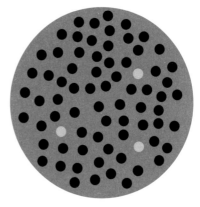

IDEAS QUE SE INTENTARON
(QUE NO VEMOS)

Saber que habrá errores no evitará que sientas dolor cuando ocurran, pero sí te ayudará a darle perspectiva a los momentos difíciles. Entender que esas caídas, aunque dolorosas, son normales y parte del proceso.

3. Experimenta

Hacer algo implica invertir una parte de ti. Tiempo, esfuerzo y recursos son los más obvios, pero también autoestima o identidad. Si el riesgo de perder lo anterior es mucho o los costos de llevar a cabo una idea son altos para ti, es más probable que te desanimes y termines por no hacerla.

Una manera efectiva de reducir el costo de la equivocación es **experimentando.** Al experimentar, pruebas tus ideas a pequeña escala, en ambientes controlados, con una inversión menor y en un espacio donde el error no es un fracaso sino un resultado más en el desarrollo de tus ideas.

Hay varios tipos de experimentos dependiendo de la idea que quieras probar. Si no tienes claro cuál es el más adecuado para la tuya, puedes empezar con este flujo básico.

Define qué vas a probar.

¿Quieres saber si a otras personas les gusta tu idea o les parece atractiva? ¿Las reacciones que genera? ¿Si resuelve el problema que definiste? ¿Si funciona? Antes de empezar a construir, ten claro qué quieres probar y cómo lo vas a medir.

¿PODRÁ VOLAR POR 10 SEGUNDOS?

Crea un modelo barato de tu idea a partir de lo que quieres probar.

Puede ser una una maqueta, *mock-up*, borrador, presentación, publicación en internet, muestra, ensayo, fragmento, prototipo, modelado, prueba piloto... lo que sea mientras sea relativamente barato de hacer para ti (comparado con lo que te costaría hacer la idea en su totalidad) y te permita probar rápidamente lo que sea que quieras comprobar o refutar.

Pruébalo a pequeña escala.

Tu círculo de amistades, gente de tu gremio, colegas del trabajo, tus redes sociales, un grupo reducido de personas a la que está dirigida tu idea, un taller o laboratorio. Lo importante es que sea un ambiente reducido y de bajo riesgo donde puedas obtener resultados o retroalimentación.

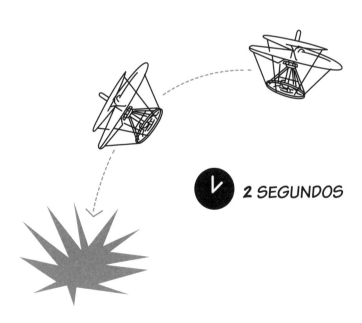

2 SEGUNDOS

Usa los resultados para continuar, mejorar o replantear tu idea.

Si los resultados son favorables tendrás mayor certeza para seguir adelante con tu idea. Y si las cosas no salen como esperabas, de todos modos obtendrás hallazgos valiosos que podrás usar para mejorar esa idea o crear una nueva.

4. No existen las "buenas ideas", solo ideas que funcionan en su entorno

Ninguna idea es inherentemente brillante. Toda combinación depende del entorno en el que se forma, desarrolla y existe. Una misma idea puede ser un éxito o fracaso según dónde, cuándo y cómo ocurra.

Cosechar hielo de lagos congelados era una buena idea en el siglo XIX. También un negocio multimillonario. Tanto que, en su punto más alto, llegó a ser una industria que empleaba a miles de personas entre extracción, transporte y distribución del hielo.

Hoy, con la existencia de los refrigeradores, cosechar hielo nos parecería una solución absurda. La idea sigue siendo la misma, lo que cambió fue el entorno.

Muchas ideas que hoy son exitosas, mañana nos sorprenderá que hayan triunfado. Y muchas ideas que hoy nos parecen ridículas, inútiles o imposibles podrían convertirse en las nuevas disrupciones que tranformen el mundo. No hay "buenas mutaciones" y "malas mutaciones", solo cambios que resultan ventajosos o perjudiciales dependiendo del entorno donde suceden.

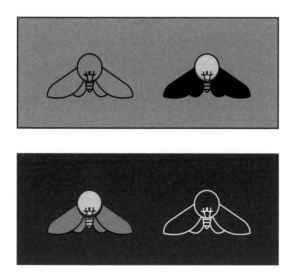

5. Cuidado con las "historias de éxito"

Cuando nos cuentan historias de éxito no hay que olvidar que esas narrativas son resultado de una suma de factores incidentales, contingentes, azarosos y hasta desiguales que jamás se mencionan, pero que influyeron en lo que se nos cuenta. Factores que rara vez serán similares a los tuyos.

La creatividad tiene menos que ver con dones divinos y energías cósmicas, y más con **entorno, formación, recursos y oportunidades.**

Es por eso que intentar replicar los hábitos y comportamientos de gente que consideramos creativa
suele generar resultados decepcionantes. Confun-
dimos la anécdota con el método. Lo que funciona
en un contexto puede que no funcione en otro.

Analiza los principios, pero no te compares con los
demás ni uses sus resultados para medir los tuyos.
Cada historia de creación es distinta, cada circuns-
tancia única.

6. Disfruta la creación más que el resultado

Es imposible predecir si una idea será exitosa. Aunque nos guste pensar que todo depende de nosotros mismos, hay muchos factores ajenos a ti que influirán en el resultado final de tu creación y cómo será recibida. Si pones toda tu motivación en el resultado, corres el riesgo de culparte por fuerzas que están fuera de tu control.

La creatividad no es un mundo de certezas, sino de posibilidades. Y la única forma de aumentar esas posibilidades es creando. Si disfrutas lo que haces, lo seguirás haciendo. Y entre más lo hagas, más posibilidades tendrás de dar con esa idea que acabe transformando tu mundo.

Espero que este PROCESO CREATIVO te ayude a tener esa idea que estabas buscando o que no sabías que podías encontrar.

Ahora cierra este libro y pon manos a la obra.

¡Buena suerte!

En resumen

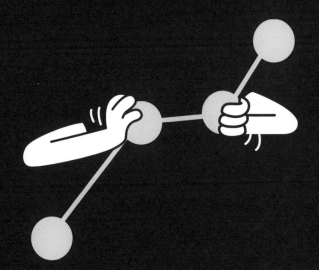

Haz

Proceso creativo:

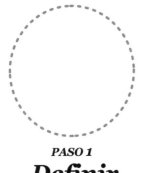

PASO 1
Definir

PASO 2
Conocer

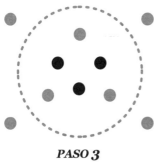

PASO 3
Explorar

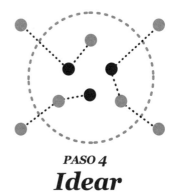

PASO 4
Idear

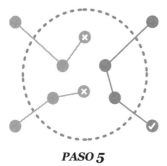

PASO 5
Formar

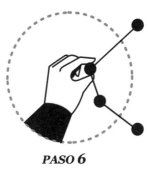

PASO 6
Hacer

Bloqueo

Si estás leyendo esto, es porque no estás logrando formar una combinación novedosa. Atraviesas un desagradable **bloqueo creativo.**

Calma.

Lo primero que debes saber es que estos bloqueos son normales y más comunes de lo que piensas. Incluso las personas más geniales que puedas imaginar tienen bloqueos creativos constantemente.

Más allá de darte tips para superar tu bloqueo, lo importante es que comprendas por qué estas acciones pueden ayudarte a partir de lo que aprendiste del PROCESO CREATIVO.

Entender los principios te ayudará a desarrollar tus propias estrategias de desbloqueo, las que sean más efectivas para ti según tus posibilidades.

1

Mira, lee, escucha, experimenta o recolecta **cosas relacionadas con la idea que quieres tener**.
Busca:

☐ Algo prestigioso, pero no famoso.

☐ Algo famoso, pero no prestigioso.

☐ Algo prestigioso y famoso.

☐ Algo que no sea ni prestigioso ni famoso.

☐ Algo que sea excéntrico para ti.

☐ Algo muy antiguo o muy novedoso.

¿Por qué puede funcionar?

Estás añadiendo conocimiento y adquiriendo nuevos elementos para combinar.

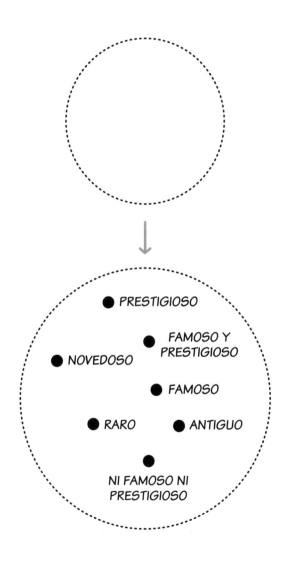

2

Mira, lee, escucha, experimenta o recolecta cosas que **no tengan nada que ver** con la idea a la que quieres llegar. Una vez más busca:

☐ Algo prestigioso, pero no famoso.

☐ Algo famoso, pero no prestigioso.

☐ Algo prestigioso y famoso.

☐ Algo que no sea ni prestigioso ni famoso.

☐ Algo que sea excéntrico para ti.

☐ Algo muy antiguo o muy novedoso.

¿Por qué puede funcionar?

Estás explorando y sumando elementos que podrían llevarte a un hallazgo y detonar una nueva combinación.

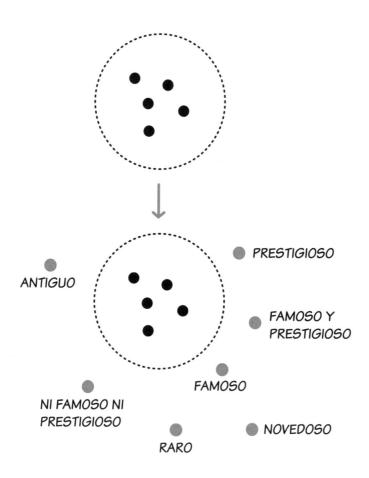

❸

¡Descansa!

Toma un baño, sal a caminar, duerme,
juega, medita o haz cualquier actividad que
despeje tu cabeza.

¿Por qué puede funcionar?

El descanso y las actividades relajantes permiten que tu mente use otros sistemas de pensamiento, ablandando conexiones y facilitando nuevas combinaciones.

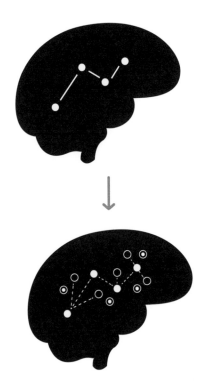

4

Empieza formulando las "peores" combinaciones.
Piensa:

☐ Una idea que consideres muy tonta.

☐ Una idea que consideres muy absurda.

☐ Una idea que consideres muy mala.

☐ Una idea que consideres muy obvia.

¿Por qué puede funcionar?

A veces los bloqueos creativos vienen de nuestra autoexigencia (e inseguridad), de creer que todo lo que ideamos debe ser sobresaliente o brillante. Al comenzar por lo "malo", modulas tus expectativas sin la presión de tener que empezar por algo "bueno" desde el inicio.

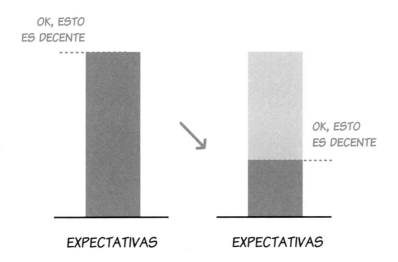

OK, ESTO
ES DECENTE

OK, ESTO
ES DECENTE

EXPECTATIVAS   EXPECTATIVAS

5

Busca cosas asociadas a la idea que quieres
tener. Luego busca cosas asociadas a eso que
encontraste. Luego busca cosas asociadas a
eso que encontraste... continúa así hasta llegar
a algo que te sorprenda o llame tu atención, e
intenta combinarlo.

¿Por qué puede funcionar?

Los elementos pueden combinarse porque tienen asociaciones significantes compatibles. Al forzar este mecanismo de manera consciente, aplicas una especie de "ingeniería inversa" que puede desbloquearte y dirigirte a un nuevo hallazgo.

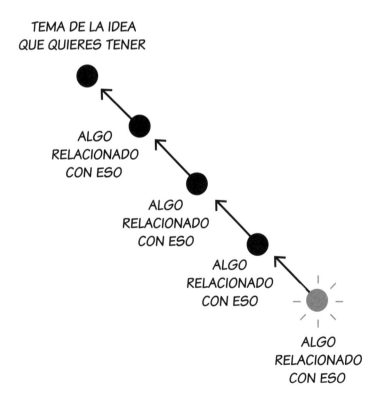

TEMA DE LA IDEA QUE QUIERES TENER

ALGO RELACIONADO CON ESO

ALGO RELACIONADO CON ESO

ALGO RELACIONADO CON ESO

ALGO RELACIONADO CON ESO

6

Visita lugares, espacios, exposiciones, museos, galerías, tiendas, cafés, mercados, pueblos, librerías, conferencias, conciertos, muestras, eventos, bazares o cualquier otra experiencia que esté a tu alcance y que te ponga delante de elementos que no acostumbras en tu día a día.

¿Por qué puede funcionar?

La cotidianidad consolida y vuelve rígidas las conexiones de tu mente. Al exponerte a nuevos elementos no solo exploras, también te estimulas a generar conexiones novedosas.

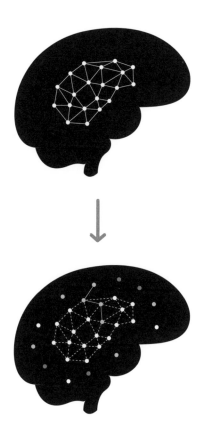

7

Platica con otras personas sobre
el problema que quieres resolver.

¿Por qué puede funcionar?

Las asociaciones cambian según quién las haga. Al hablar con otras personas exploras a través de una mente que no es la tuya. Eso te permite escuchar puntos de vista que no habrías considerado o detectar elementos que no habrías visto de otra manera.

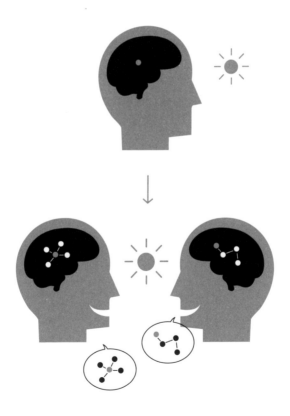

8

Redefine el problema e inicia
un nuevo PROCESO CREATIVO.

¿Por qué puede funcionar?

A veces el bloqueo creativo viene de una falla de origen. Puede que el problema esté mal planteado. O sea demasiado grande. O demasiado chico. O, simplemente, necesitas probar con un punto de partida distinto.

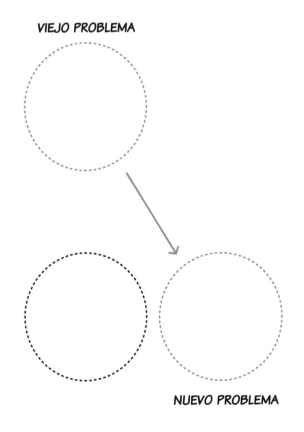

VIEJO PROBLEMA

NUEVO PROBLEMA

9

Si todo falla, pon en pausa esa idea.

¿Por qué puede funcionar?

Algunas combinaciones toman su tiempo y no es extraño encontrar historias de ideas que tardaron años en emerger. A veces, lo mejor que puedes hacer es seguir adelante hasta que un día lleguen los elementos que terminen por completar el rompecabezas.

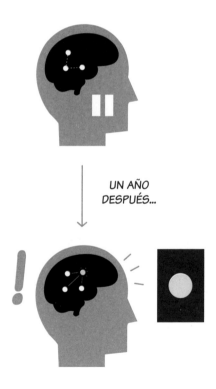

UN AÑO
DESPUÉS...

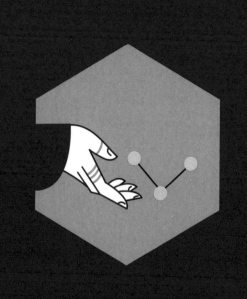

Recursos visuales

p. 25 | Arte de Xiao Sheishei, basado en la serie de Yō Yoshinari, *Little Witch Academia* © 2013, Trigger Studio, Japón.

p. 26 | Mary Evans Picture Library Ltd., *An up-to-date witch rides her vacuum cleaner to travel to the sabbat* (ilustración) © agefotostock.com, Dinamarca, 1924.

p. 30 | Hayao Miyazaki (director), *Kiki: entregas a domicilio* (película) © 1989, Studio Ghibli, Japón. Basada en la novela infantil de Eiko Kadono, *El servicio de correos de la bruja*, Japón, 1985.

p. 36 | Vincent van Gogh, *Jarrón con doce girasoles* © 1888, Neue Pinakothek, Alemania.

p. 36 | Kerry James Marshall, *Deadheads* © 2019, Jack Shainman Gallery, Nueva York.

p. 227 | Charles Darwin © 1837, Biblioteca de la Universidad de Cambridge.

p. 239 | Marie Curie, 1899-1902. Creative Commons, Public Domain Mark. https://wellcomecollection.org/works/cywqefw4

p. 241 | J. W. Rinzler. *The Making of Star Wars: The Definitive Story Behind the Original Film* © Ebury Press, 2008.

Referencias culturales

Si eres fan del cine, el anime o la cultura pop, seguro varias ilustraciones te resultaron familiares. En el PROCESO CREATIVO encontrarás elementos sacados de o que hacen referencia a:

Alien: el octavo pasajero, *Attack on Titan*, *Avatar: la leyenda de Aang*, *The Avengers*, Banksy, Basquiat, *Bastardos sin Gloria*, *Bocchi the Rock!*, *Chrono Trigger*, Daft Punk, *El Gigante de Hierro*, *El Señor de los Anillos*, *Evangelion*, *Everything Everywhere All at Once*, *El Gran Hotel Budapest*, *La gran ola de Hokusai*, Harry Potter, *Kiki: entregas a domicilio*, *Little Witch Academia*, Marcel Duchamp, *Moonrise Kingdom*, *Nichijou*, Norman Rockwell, *Once Upon a Time... in Hollywood*, *One Piece*, *Over the Garden Wall*, *Persépolis*, *Pokémon*, *Porco Rosso*, *Pulp Fiction*, René Magritte, *Rick y Morty*, *SENT*, *Sherlock*, *Star Trek*, *The IT Crowd*, *The Legend of Zelda: Breath of the Wild*, *The Legend of Zelda: Majora's Mask*, Ukiyo-e (grabado japonés), Yayoi Kusama y Zaha Hadid.